P. Shelby & E. Sterlini

Bucket List 2.0

Die abenteuerliche Suche nach dem eigenen Ich

Ein therapeutischer Roman

Impressum

1. Auflage 2024

Verantwortlich für den Inhalt gemäß § 25 MedienG:
Petra Shelby & Elena Sofie Sterlini
Rauchgasse 43/7, 1120 Wien
hallo@bucketlistzweinull.at

Dieses Buch ist erhältlich als:

ISBN 978-3-9505694-0-7 (Deutsche Printausgabe)
ISBN 978-3-9505694-1-4 (Deutsches E-Book)
ISBN 978-3-9505694-3-8 (Englische Printausgabe)
ISBN 978-3-9505694-2-1 (Englisches E-Book)

Satz & Layout, E-Book-Erstellung: Akadil Belgara

Umschlaggestaltung: Elena Sterlini

Korrektorat: Ines Rameder, ines.rameder@gmail.com

Bild der Autorinnen: Martin Jordan Fotografie, www.martinjordan.at

Druck und Bindung:
Print Group Sp. z o.o.,
ul. Cukrowa 22, 71-004 Szczecin, Polen

Bibliografische Information der Österreichischen Nationalbibliothek:
Die Österreichische Nationalbibliothek verzeichnet diese Publikation in der Österreichischen Nationalbibliografie; detaillierte bibliografische Daten sind im Internet über www.onb.ac.at abrufbar.

Inhalt

Für unsere Lebensmenschen,
die Welt – und vor allem für dich.

D'un cœur léger

Willkommen in einem Raum zwischen den Zeilen, in dem eine leise Einladung mitschwingt – eine Einladung, beim Lesen tief in deine eigene Welt einzutauchen und ganz bei dir zu sein. Diese Seiten sind mehr als bloße Buchstaben. Sie tragen Gefühle, Träume, Sehnsüchte, Geschichten und ein Stück von uns, in der Hoffnung, auch dich zu berühren. Hier findest du keine klaren Antworten oder fertigen Lösungen, nur Wege, die du erkunden kannst. Möge diese Reise durch die nachfolgenden Zeilen einen Unterschied in deinem Leben machen.

Ein Hinweis für dich

Dieses Buch behandelt sensible Themen, die emotional herausfordernd sein können. Bitte nimm Rücksicht auf dich, deine Grenzen und Bedürfnisse. Falls du merkst, dass dir das Lesen zu viel wird, gönne dir eine Pause oder überspringe entsprechende Abschnitte. Sollte dich ein Thema überfordern oder solltest du großen Leidensdruck verspüren, kann es hilfreich sein, dir professionelle Unterstützung zu suchen. Zögere nicht, dich an deinen Freundeskreis, deine Familie oder Menschen, denen du vertraust, zu wenden, und informiere dich über zusätzliche Hilfsangebote, wenn du das Gefühl hast, sie zu benötigen.

Ein Hinweis zu diesem Buch

Dieses Buch ist dafür gedacht, immer wieder gelesen zu werden, um wiederholt auf eine lesende Reise zu gehen und dabei jedes Mal etwas Neues für dich zu entdecken. Bei jedem Durchgang könntest du Details und Facetten bemerken, die dir beim ersten Durchlesen vielleicht verborgen geblieben sind. Es kann sein, dass bestimmte Abschnitte erst nach einer Weile ihre volle Bedeutung für dich zeigen, wenn du bereit bist, genauer hinzusehen, oder sie in Ruhe auf dich wirken lässt.

Die in diesem Buch verwendeten Begriffe, die dem maskulinen Genus zugeordnet sind, wie der Ballonmensch, der Lichtflummi oder der Tasten-Tornado, sollen als geschlechtsneutral verstanden werden. Dies gilt für alle Menschen, unabhängig von ihrem Geschlecht, ihrer Geschlechtsidentität oder ihrem Geschlechtsausdruck.

Schon bald wirst du eine der Hauptfiguren kennenlernen: das Ich. Seine Gedanken sind in diesem Buch kursiv dargestellt. Auch in den Dialogen mit seiner treuen Reisebegleitung, der körperlosen Stimme, bleibt die kursiv gesetzte Schrift zur besseren Verständlichkeit erhalten.

Über dieses Buch

Jeder Mensch ist in Beziehung – selbst jener, der die Einsamkeit sucht, sich in die Berge zurückzieht und meint: „Ich bin in Beziehung, mit der Natur, mit Tieren, in spiritueller Verbindung." Diese Wahrnehmung verdeutlicht: Auch wer allein scheint, ist in Beziehung. Es ist ein Grundbedürfnis des Menschen, sich als Teil eines „Wir" zu erleben, nicht nur als „Ich" in seiner Autonomie, sondern auch relational, in Verbindung mit anderen: Ich bin und möchte mit anderen sein. Der Mensch hat Macht über sich; er hat die Fähigkeit zur Selbstbestimmung. In einem unterstützenden Umfeld, etwa in einer therapeutischen Beziehung, ist es ihm möglich, Erfahrungen zu integrieren, die jenseits seines bisherigen Erlebens liegen. Doch nicht alle Beziehungen sind nährend. Man kann sich inmitten von Familie oder Freund*innen einsam fühlen, wenn das, was man braucht, in dieser Beziehung fehlt. Kinder ertragen oft sehr viel, weil sie auf Beziehungen angewiesen sind, selbst wenn diese nicht immer erfüllend sind ... Diese Worte erreichten mich zu Beginn meiner Ausbildung und sie berührten etwas in mir. Bald darauf spürte ich, dass ich den therapeutischen Ansatz gefunden hatte, der zu mir passt.

In diesem Buch steht die Personzentrierte Psychotherapie, auch bekannt als Klientenzentrierte Psychotherapie oder Gesprächspsychotherapie, im Fokus – eine von derzeit dreiundzwanzig in Österreich anerkannten psychotherapeutischen Methoden. Diese wissenschaftlich fundierte Therapieform wurde von Carl R. Rogers (1902–1987), einem bedeutenden klinischen Psychologen, entwickelt. Den Mittelpunkt bildet das Vertrauen in die angeborene Fähigkeit jedes Menschen, seine Persönlichkeit in eine positive Richtung zu entwickeln und sein Leben konstruktiv zu gestalten. Diese Potenziale entfalten sich unter günstigen Bedingungen, die durch das therapeutische Beziehungsangebot geschaffen werden. In einem Rahmen, der durch Empathie, Wertschätzung und Authentizität geprägt ist, kann sich die Person so erfahren, wie sie ist, und sich auf diese Weise zeigen.

Der Personzentrierte Ansatz legt besonderen Wert auf die Beziehung zwischen Therapeut*in und Klient*in. In seinem Zentrum steht die gesamte Person mit ihren individuellen Stärken und Potenzialen, nicht die Diagnose oder das Problem. Die Klient*innen selbst werden als die wahren Expert*innen ihres Lebens gesehen. Daher ist es nicht die Aufgabe der Therapeut*innen, zu wissen, was für die Klient*innen am besten ist, oder ihnen aufzuzeigen, welche Schritte sie unternehmen sollen, um ein bestimmtes Ziel zu erreichen. Stattdessen richtet sich der Schwerpunkt darauf, das vorhandene Wissen und die Fähigkeiten der Klient*innen zu entdecken und zu fördern – denn alles, was sie brauchen, ist bereits in ihnen vorhanden. Es geht nicht um Helfen, sondern vielmehr darum, den anderen zu begleiten und dabei man selbst zu bleiben. Gemeinsam gilt es herauszufinden, wie dieses innere Potenzial genutzt werden kann, sei es im Umgang mit Herausforderungen, bei schwierigen Entscheidungen oder zur Verbesserung zwischenmenschlicher Beziehungen. Rogers sagt: „Alle Menschen reagieren auf eine ganz bestimmte Weise, wenn sie merken, dass das, was Therapeut*innen sagen oder tun, mit dem übereinstimmt, was sie denken." Der*die Therapeut*in bringt sich selbst als Person in die Beziehung ein und ist echt. Dabei ist er*sie das wichtigste Werkzeug, es gibt kein „um zu", keine festgelegten Methoden und planbaren Techniken. Das Einzige, was zählt, ist die Beziehung von Person zu Person, denn die Therapie ist die Beziehung selbst zwischen Therapeut*in und Klient*in.

Die Personzentrierte Psychotherapie kommt in verschiedenen Settings zur Anwendung, darunter Einzel-, Paar-, Familien- und Gruppentherapie sowie in der Arbeit mit Kindern und Jugendlichen. Dieser Ansatz wird ständig weiterentwickelt und hat über die Psychotherapie hinaus auch in Coaching, Beratung, Supervision und im Bildungsbereich Anklang gefunden. Besonders hervorzuheben ist der stark gruppenorientierte Charakter der Therapie. Rogers, der sich zunächst auf das Einzelsetting konzentrierte, erweiterte seine Methode später auf die Arbeit in Gruppen. Für seinen Beitrag mit Encounter-Gruppen, die den interkulturellen Dialog und den Frieden förderten und bis heute bestehen, war er für den Friedensnobelpreis nominiert, verstarb jedoch im selben Jahr.

Psychotherapie ist ein dynamischer Prozess, ein Prozess der Veränderung, der in einer besonderen zwischenmenschlichen Beziehung stattfindet. Diese Beziehung bildet das Fundament der Therapie und schafft eine Atmosphäre tiefen Verständnisses und enger Verbundenheit. Als Psychotherapeutin in Ausbildung unter Supervision biete ich eine besondere Art von Beziehung an – eine, die gesichert ist, frei von Bewertung und von absoluter Verschwiegenheit geprägt. Dennoch ist diese Form der Beziehung nicht die einzig heilbringende. Rogers betont: „Jede Art von Beziehung kann hilfreich sein – manchmal können es auch die Gespräche mit guten Freund*innen sein, die uns weiterbringen."

Dieses Buch markiert den Beginn meiner Reise als Psychotherapeutin in Ausbildung unter Supervision. Es spiegelt meinen bisherigen Entwicklungsprozess wider und zeigt, wie sich mein Verständnis des Personzentrierten Ansatzes vertieft hat. In den nachfolgenden Seiten teile ich, wie ich diesen therapeutischen Ansatz heute begreife und in meiner Arbeit umsetze. Gleichzeitig muss ich einräumen, dass ich ihn noch nicht in seiner ganzen Tiefe erfasst habe und möglicherweise nie vollständig erfassen werde – vielleicht, weil ich keinen Anspruch darauf erhebe, die Theorie jemals vollständig zu verstehen.

Ich habe bewusst darauf verzichtet, konkrete Fälle aus meiner beruflichen Tätigkeit darzustellen, sodass keine spezifischen Therapiesequenzen beschrieben werden. Auf diese Weise lassen sich keine Rückschlüsse auf Personen ziehen, die sich bei mir in Therapie befinden. Stattdessen basieren die geschilderten Erfahrungen auf wiederkehrenden Themen aus meiner Arbeit in freier Praxis sowie auf meinem eigenen Prozess in der Lehrtherapie und in Selbsterfahrungsgruppen.

Als ich meine Arbeit als Psychotherapeutin in Ausbildung unter Supervision begann, fragte ich mich, welche Menschen zu mir finden würden. Momentan begegne ich vielen, die sich als anders empfinden, die das Gefühl haben, nicht in die gesellschaftlichen Normen zu passen, und ihren Platz in der Welt schwer finden. Aufgrund des ständigen Drucks, sich in einer Welt anzupassen, die ihnen fremd erscheint, erleben sie einen starken Leidensdruck. Ihre Einzigartigkeit wird häufig als Unzulänglichkeit wahrgenommen, was das Gefühl der Isolation und des Missverstanden-Werdens verstärkt. Doch genau in dieser Einzigartigkeit liegt ein großes Potenzial zur Selbstentfaltung, das in einem unterstützenden therapeutischen Rahmen entdeckt und gefördert werden kann – so, wie ich es selbst erfahren habe.

Dieses Buch ist ein therapeutischer Roman und ich bin mir bewusst, dass viele Passagen schwierig und möglicherweise herausfordernd sein könnten. Manche Teile sind besonders intensiv und erfordern viel Durchhaltevermögen – ähnlich wie Therapie, die eine fordernde, aber lohnende Reise darstellt, vergleichbar mit der Erfahrung, diese Lektüre zu lesen. Therapie ist Arbeit, eine tiefgehende Auseinandersetzung mit sich selbst, die nicht unterschätzt werden sollte. Sie verlangt Mut, Geduld und stetiges Engagement, die eigenen Gedanken, Gefühle und Verhaltensmuster zu hinterfragen. Dieser Prozess kann anstrengend und schmerzhaft sein, doch genau darin liegt auch die Chance für Veränderung und persönliches Wachstum.

Für mich bedeutet *personzentriert* in meiner Lehrtherapie, in der Supervision, in Selbsterfahrungs- und Encounter-Gruppen sowie in den Begegnungen dazwischen, sich umarmt, aufgefangen, gehalten, verstanden und gesehen zu fühlen. Und manchmal heißt es auch, sich zu konfrontieren, sich am Anderen abzuarbeiten und auszuhalten, dass man vielleicht keinen gemeinsamen Nenner findet. Es steht für Arbeiten und Vertrauen in einem umfassenden Sinne. Im Kern geht es für mich um Freiheit: Ich bin in der Arbeit mit einem anderen Menschen frei, ich bin frei, mit einer Person so zu sein, wie ich bin, und die andere Person so anzunehmen, wie sie gerade ist. Es bedeutet für mich, echtes Interesse an einer Person zu haben, absichtslos und präsent zu sein und sie bedingungslos zu akzeptieren.

Zu Beginn des psychotherapeutischen Fachspezifikums hörte ich die Aussage: „Die Psychotherapieausbildung kann dein Leben, deine Beziehungen und Freundschaften tiefgreifend verändern." Zunächst zweifelte ich daran, ob das wirklich möglich ist, und war danach unsicher, ob ich diese Veränderung überhaupt wollte. Heute bin ich jedoch sehr dankbar, dass ich mich auf die Reise eingelassen habe, denn ohne diese Erfahrung wäre unser Buch in seiner jetzigen Form nicht entstanden. Auch wenn es keine Therapie ersetzen kann, hoffe ich, dass es dir beim Lesen Momente schenkt, in denen du dich gehalten und verstanden fühlst, so, wie ich es in meiner Lehrtherapie erlebt habe – und dass es etwas in dir bewegt.

Vorwort

Der Duft von Abenteuer und Freiheit liegt in der Luft. Alle Wünsche, die einst wie ferne Sterne auf meiner Bucket List leuchteten, sind nun Wirklichkeit geworden. Die Erlebnisse und Erfahrungen, die damit einhergingen, reihen sich jetzt wie Perlen auf einer Schnur und formen eine wertvolle Kette der Erfüllung. Dankbar erinnere ich mich an die strahlenden Farben des Sonnenuntergangs, ungezwungene Gespräche am Lagerfeuer, das sanfte Rauschen der Wellen am Ufer und an innige Begegnungen mit anderen Suchenden. Verzaubert von der Schönheit und Vielfalt dieser Welt, die ich zuvor nicht wahrnehmen konnte, atme ich tief ein. Ganz bei mir und am richtigen Platz – genau dort bin ich jetzt.

Dieses Buch ist ein funkelnder Stern auf unserer Bucket List und eine kostbare Perle auf unserem Weg zur Selbstverwirklichung und Erfüllung. Was dich auf den folgenden Seiten erwartet, ist das Ergebnis unserer gemeinsamen Arbeit und einer langgehegten Vision, die nach einem intensiven Prozess endlich Realität geworden ist: ein Buch, dessen Zeilen die Welt umarmen. Es könnte dir Trost spenden, wenn du den Eindruck hast, in deinem Leben festzustecken. Es ist dafür da, dir Hoffnung zu geben, wenn du sie brauchst, oder dich weiter in deiner Zuversicht zu stärken. Es will dir zeigen, dass Veränderung weder starr noch eine einsame Reise ist, sondern ein dynamischer Prozess, der in und durch Beziehung geschieht. Es ermutigt dich, die verborgenen Winkel deiner Gefühlswelt zu erkunden und versteckte Schichten zu durchdringen. Dabei versucht es, die Vielschichtigkeit von Emotionen in klare Worte zu fassen, um dich darin zu begleiten, dich selbst besser zu verstehen. Dieses Buch verzichtet bewusst auf Oberflächlichkeit und taucht stattdessen tief in das Innenleben seiner Charaktere ein, um authentische Geschichten zu erzählen. Es möchte dich überraschen und mit unerwarteten Wendungen fesseln. Es bietet keine fertigen Antworten und gibt keine Ratschläge. Es begegnet dir auf Augenhöhe und erdrückt dich nicht mit seiner Expertise. Es lässt widersprüchliche Gefühle nebeneinanderstehen und schafft einen wertfreien Raum, in dem du vielleicht sogar dir selbst begegnest. Es lädt dich ein, du selbst zu sein. Wir wünschen uns, dass dieses Buch für dich wie eine Umarmung ist, die dir das Gefühl gibt, verstanden zu werden, und dich näher zu dir selbst bringt. Womöglich findest du darin etwas, das dich anspricht und dich erkennen lässt, dass du nicht allein bist.

Die abenteuerliche Suche nach dem eigenen Ich bedeutet nicht, dass der Weg zu sich selbst immer aufregend oder angenehm ist. Jede Veränderung bringt auch Stress mit sich – ein ständiges Neuausrichten, Neubewerten, Neuordnen und Überdenken. Gleichzeitig musst du dich vielleicht mit äußeren Bewertungen auseinandersetzen, die oft sehr verletzend sein können. Diese Reise ist häufig mühsam, zehrend und frustrierend. Sie geht oft mit einer inneren Unruhe und Anspannung einher, die nur schwer auszuhalten ist. Der empfundene Leidensdruck und die inneren Kämpfe, die du dabei durchstehst, sind real und haben Berechtigung: Sich anders als andere zu fühlen, sich zu verstecken und Schwierigkeiten zu haben, sich selbst zu verstehen und anzunehmen, kann enorm einschränkend sein. Wiederkehrende Konflikte in Beziehungen und wachsende Selbstzweifel erschöpfen. Das ständige Grübeln darüber, warum du so fühlst, wie du fühlst, ohne klare Antworten oder Vertrauen in dich selbst zu finden, kann stark belasten – besonders, wenn du dich danach sehnst, authentisch zu leben.

In diesem Buch steckt vieles von uns, und die darin beschriebenen Gefühle sind uns vertraut. Wir spüren oft mehr, als uns lieb ist, nehmen mehr wahr, als wir möchten, und denken häufig über Dinge nach, die für andere kaum von Bedeutung sind. Immer wieder erlebten wir in der Vergangenheit, nicht hineinzupassen, und eckten an. Unverstanden und nicht ernst genommen, begannen wir schließlich, uns selbst infrage zu stellen, wodurch sich allmählich eine starke Einsamkeit inmitten anderer Menschen in uns ausbreitete. Jahrelang fragten wir uns, warum wir so sind, wie wir sind, und fanden keine zufriedenstellende Antwort. Doch nach vielen Stunden in Therapie und tiefgehender innerer Arbeit haben wir gelernt, uns besser zu verstehen und anzunehmen. Bis heute üben wir uns täglich darin – mal gelingt es besser, mal schlechter.

Diese eingehende Auseinandersetzung mit uns selbst hat etwas in uns bewegt und uns letztlich zu einem entscheidenden Punkt geführt: Was einst zugleich Last und Geschenk war, unser intensives Fühlen, unsere eigene Wahrnehmung der Welt und unsere unkonventionellen Ideen, betrachten wir heute als Quelle der Kraft, aus der diese Erzählung entstanden ist. Über ein Jahr hinweg saßen wir unermüdlich in jeder freien Minute nebeneinander vor dem Laptop und arbeiteten an diesem Projekt, das uns so am Herzen liegt. Gemeinsam lachten, reflektierten, diskutierten, schimpften und weinten wir, kämpften uns durch die unterschiedlichsten Emotionen und rangen mit uns selbst. Dabei brachte jede von uns ihre jeweilige Expertise und persönlichen Qualitäten in den Schreibprozess ein. So vereinten wir auf kreative Weise das Fachwissen aus dem Studium der Personzentrierten Psychotherapie und der Vergleichenden Literaturwissenschaft mit unseren individuellen Erfahrungen und schufen etwas für uns Einzigartiges: einen therapeutischen Roman.

Die Pfade dieses Romans werden dich an Orte führen, an denen sowohl Leichtigkeit als auch Schmerz ihren Platz haben. Denn gerade der Schmerz webt ein unsichtbares Band zwischen uns: vom Einzelnen zum Nächsten, von Gruppen zur Gesellschaft, von der Gesellschaft zur Welt. Wir spüren ihn nicht nur persönlich, sondern auch kollektiv – er durchdringt unsere menschliche Erfahrung und verbindet uns auf eine oft übersehene Weise. Wenn es uns gelingt, dich mit den nachfolgenden Zeilen in deinem Schmerz zu berühren, können wir vielleicht bald die ganze Welt in eine wärmende Umarmung schließen. Lass uns gemeinsam die Arme ausbreiten, beginnend mit den Worten, die hier geschrieben stehen.

Angepasst, erschöpft, leer, ängstlich,
einsam, angestrengt, impulsiv, verzweifelt, hoffnungslos.

Das bin ich.

Mutig, fröhlich, neugierig, zuversichtlich,
humorvoll, kreativ, charmant, unabhängig, vielfältig.

Auch das bin ich.

Familie, Beruf, Freundeskreis,
Gemeinschaft, Gesellschaft, Freizeit.

Überall dort spiele ich meine Rollen.

Wer bin ich?

Ein Kapitel der Routine

Scheiße, nicht schon wieder! Dieser bescheuerte Wecker! Zeit, aus dem Bett zu kommen. Noch fünf Minuten dösen ... So ein Mist! Jetzt sollte ich wirklich raus. Im Halbschlaf erledige ich meine morgendliche Routine. Kurz bevor ich das Haus verlasse, würge ich rasch mein Frühstück hinunter und spüle es mit einer Tasse Kaffee nach. Wenige Momente später trete ich nach draußen und steige erschöpft in den Bus. Mit müden Augen starre ich aus dem Fenster und gähne ununterbrochen. Ich blicke auf die Uhr und bemerke, dass ich erst fünfundvierzig Minuten wach bin – für mich fühlt es sich wie eine Ewigkeit an. Der Geruch von süßem Parfum und Schweiß erfüllt die Luft und ein paar Sitzreihen hinter mir hört jemand so laut Musik, dass ich jedes Wort verstehen kann. Das Paar vor mir führt eine geräuschvolle Unterhaltung und zu allem Übel stolpert eine weitere Person herein, die schnieft und hustet. *Ist ein bisschen Ruhe um diese Uhrzeit zu viel verlangt?* Genervt stöpsle ich mir meine Kopfhörer ins Ohr, drehe die Lautstärke hoch und blende die Welt um mich herum aus. *Halt, hier muss ich raus!* In letzter Sekunde hechte ich ins Freie und stoße beinahe jemanden um. *Uff, das war knapp! Fast hätte ich meine Station verpasst.* Noch ehe ich mich entschuldigen kann, taucht auf unerklärliche Weise ein Bild vor meinem inneren Auge auf: Ich treibe im endlosen Meer. Salzige Tropfen spritzen mir ins Gesicht und Wellen schlagen hart gegen das Boot, in dem ich sitze. In der Ferne zeichnen sich dunkle Silhouetten im Wasser ab. *Hä, was war das? Werde ich langsam verrückt oder bin ich bloß urlaubsreif?* Als sich die Bustüren hinter mir schließen, packt mich starkes Fernweh. Ich sehne mich danach, meinem Alltag zu entfliehen.

Sechzig Minuten wach und kein Ende in Sicht. Mein Bürostuhl quietscht, als ich mich hinsetze und den Computer einschalte. Auf meinem Tisch herrscht Chaos, unbearbeitete Dokumente stapeln sich. Am Ende des Flurs piepst ein Drucker, und aus der Küche dringt das Brummen der Kaffeemaschine. Das Klappern der Tastaturen vermischt sich mit dem schrillen Klingeln von Telefonen. Über die Gespräche der anderen Mitarbeitenden, die zu einem aufdringlichen Murmeln verschmelzen, legt sich das lästige Rauschen der Klimaanlage. *Verflixt, ich halte diesen Trubel nicht mehr aus! Wie soll ich die nächsten acht Stunden überstehen? Zum Glück bin ich morgen wieder im Homeoffice.* Gereizt gebe ich mein Passwort ein, um mich im Firmenrechner einzuloggen, als plötzlich die Abteilungsleitung neben mir steht und den Papierstapel auf meinem Tisch vergrößert. Sie gestikuliert energisch, überschüttet mich mit Anweisungen und erwartet, dass ich sofort alles umsetze. Ehe ich reagieren kann, marschiert sie davon, und ich verdrehe heimlich die Augen. *Pfff, dieses wichtigtuerische Gehabe! Ich will weg von hier! Am liebsten würde ich meinen sinnlosen und unerfüllten Arbeitsalltag sofort hinter mir lassen.* Bevor ich widerwillig zum ersten Dokument greife, erscheint die nächste mysteriöse Szene in meinem Geist: Ruhig gleite ich durch die Lüfte. Über mir ragt eine riesige ovale Hülle aus leuchtendem Stoff in den Himmel. Die Wolken scheinen zum Greifen nah. *Woher kommen diese rätselhaften Bilder? Irgendetwas stimmt nicht mit mir.*

Vierhundertachtzig Minuten später verlasse ich die erdrückende Atmosphäre des Büros und mache mich auf den Weg zu einem gemeinsamen Familienessen. *Was für ein verschwendeter Tag!* Ich betrete das Restaurant und sehe meine Verwandtschaft versammelt an einem Tisch sitzen. Der Blick meines Vaters fällt auf seine Armbanduhr. Er legt die Stirn in Falten, seine Augen ziehen sich schmal zusammen. Ich beobachte, wie meine Mutter mit erhobener Hand wedelt und nervös nach der Servicekraft winkt. „Uns knurrt der Magen! Weil du zu spät bist, mussten wir mit der Bestellung warten!", wirft mir mein Vater zur Begrüßung entgegen. Ich atme tief durch, rücke meinen Stuhl zurecht und registriere die spürbar aggressive Stimmung, die in unserer Runde vorherrscht. Als die Bedienung die Getränke und Speisen aufnimmt, bemerke ich, wie meine Anspannung wächst. *Warum tue ich mir das an? War es ein Fehler, hierherzukommen?* Still verharre ich auf meinem Platz und erschaudere angesichts der gestörten Familiendynamik, die sich vor mir abspielt – trotz der Vertrautheit dieser Situation werde ich mich wohl nie daran gewöhnen. Ich bin unruhig und mein Körper schaltet auf Alarmbereitschaft. Noch bevor das Essen mit meiner Sippe begonnen hat, fühle ich mich müde, überfordert und gereizt. „Welche Laus ist dir über die Leber gelaufen? Freust du dich etwa nicht, uns zu sehen?", vernehme ich die vorwurfsvolle Stimme meiner Schwester. Sofort wirft mein Bruder ein: „Stimmt! Irgendwie siehst du heute echt fertig aus." *Pfff, keine fünf Minuten am Tisch und schon gehen die Bewertungen los. Ihr könnt mir echt gestohlen bleiben!* Eigentlich will ich etwas erwidern, doch stattdessen zucke ich nur mit den Schultern und antworte einsilbig. Es lohnt sich nicht, zu erklären, wie es mir wirklich geht, da meine Familie ohnehin kein aufrichtiges Interesse an mir zeigt. *Immerhin glotzen können sie wie Profis. Wann hören sie auf, mich so blöd anzugaffen?* Mit gespieltem Interesse betrachte ich sogleich das Muster der Tischdecke, um den Blicken der anderen auszuweichen. Ich fixiere einen eingetrockneten Saucenfleck, als das Essen serviert wird. *Mmh, sieht das köstlich aus! Zumindest eine gute Sache an dieser Zusammenkunft.* Hungrig greife ich nach dem Besteck, bereit, den ersten Bissen zu genießen.

Doch bevor ich von meinem Gericht probieren kann, lässt meine Mutter einen Kommentar über meine vermeintliche Gewichtszunahme fallen. *Im Ernst?* Die Freude auf das Essen verfliegt augenblicklich und mein Mund füllt sich mit einem bitteren Geschmack der Frustration. *Schon wieder diese kritischen Blicke!* Das Schweigen, das sich unvermittelt zwischen uns ausbreitet, verstärkt das Echo meiner inneren Kämpfe. Ich spüre, wie Wut in mir hochkocht und ich den Impuls unterdrücke, quer über den Tisch zu kotzen. *Es reicht! Genug ist genug!* Aufgebracht sammle ich all meinen Mut und stehe mit bebender Stimme für mich ein: „Kannst du es sein lassen, dauernd an mir herumzunörgeln?" Rasch verstecke ich meine Hände unter dem Tisch, damit niemand bemerkt, wie sie zittern. Ich schlucke schwer, warte auf ihre Reaktion und werde auf einmal unsicher. *Verdammt, hätte ich das lieber nicht sagen sollen?* Meine Eltern wechseln erstaunte Blicke, während sich meine Mutter unangenehm berührt räuspert. „Jetzt steigere dich nicht so hinein! Sie hat es ja nicht so gemeint", erklärt mein Vater. „Ich will wirklich nur dein Bestes. Nimm dir ein Beispiel an deinen Geschwistern. Da siehst du doch, dass Sport und gesunde Ernährung nicht so schwer sind", ergänzt meine Mutter und nickt den beiden anerkennend zu. *Fuck!* Ich will mich verteidigen, aber meine Worte und Gedanken sind wie durch einen unsichtbaren Filter blockiert – alles, was ich sagen möchte, bleibt unausgesprochen. *Verstehen sie nicht, dass sie mir damit wehtun? Was soll's, ihr könnt mich mal kreuzweise!* Widerwillig stochere ich in meiner Pasta, bis ich schließlich ein paar Bissen nehme. Dabei registriere ich, wie schnell sich die Aufmerksamkeit meiner Familie wieder auf ein belangloses Gespräch richtet. *Ja, genau. Tut so, als wäre nichts passiert, ihr Pfeifen!* In dieser toxischen Gemeinschaft ist kein Platz für mich und ich fühle mich ausgestoßen – wie fremd in den eigenen Reihen. Schon mein ganzes Leben passe ich nicht in das Bild, das die anderen von mir geformt haben. „Vergiss nicht, dass

Oma nächstes Wochenende Geburtstag hat und du dich um die Torte und die Geschenke kümmern wolltest", reißt mein Vater mich aus meinen Gedanken. *Ah, dafür bin ich also gut genug!* Trotzig würge ich die Reste auf meinem Teller hinunter und nicke, als die Servicekraft die Rechnung bringt. „Ach ja, und hole mich auf dem Weg zur Feier mit dem Auto ab", fordert meine Schwester und drückt mir zum Abschied einen flüchtigen Kuss auf die Wange. Mein Bruder winkt mit Gleichgültigkeit in die Runde und kehrt mir danach den Rücken zu. Reserviert und kühl werde ich von meinen Eltern umarmt, ehe alle gesammelt an mir vorbeirauschen und nach draußen verschwinden. *Danke für nichts!* Ich sehe ihnen nach und bleibe einen Augenblick lang wie festgewachsen stehen. Erst jetzt spüre ich, wie sehr mich der Abend emotional erschöpft hat und dass meine Energie fast aufgebraucht ist. Inmitten meiner Familie bin ich unsichtbar, werde weder wahrgenommen noch verstanden. Dennoch frage ich mich, ob ich etwas falsch gemacht habe und warum ich mich plötzlich schuldig fühle. *Vielleicht war ich zu hart mit ihnen? Bin ich überhaupt richtig, wie ich bin? Wie oft habe ich meine Gefühle abgedreht und Teile von mir eingebüßt, um in meiner Familie zurechtzukommen? Ich will doch einfach nur dazugehören!* Während die Angst, mich zu verlieren, weiter in mir wächst, überkommt mich gleichzeitig eine starke Sehnsucht nach Verbundenheit. Meine Sicht wird glasig und ich wundere mich, welche Person ich heute wäre, wenn ich stets ich selbst hätte sein dürfen. Meine Gedanken und Emotionen wirbeln durcheinander und ich kann sie nicht einordnen. *Na toll, ich verstehe mich selbst nicht!* Zurück bleibt lähmende Unsicherheit und die Frage: „Wer bin ich?" Mit aller Kraft drücke ich meine Traurigkeit weg und verlasse fluchtartig das Restaurant, bis ich nach einigen Metern nichts mehr außer einer schmerzhaften Leere empfinde. Als ich mit hängenden Schultern um die nächste Straßenecke biege, breitet sich eine merkwürdige Kälte in meinem Mund aus: Überrascht bemerke ich einen verlockenden Geschmack auf der Zunge, das Aroma von zarter Vanille umspielt meinen Gaumen. Auf einmal nehme ich eine subtile Nuance von Bittersüße und eine cremige Textur wahr, während kleine Schokoladenstücke zwischen meinen Zähnen schmelzen. *Okay, jetzt werde ich endgültig verrückt!* Irritiert schüttle ich den Kopf, lecke mir über die Lippen und eile verwirrt davon.

Weitere hundertzwanzig Minuten später betrete ich eine gut besuchte Bar, in der ich mich mit alten Bekannten verabredet habe. Einige von ihnen stehen um einen runden Tisch und unterhalten sich angeregt. Zwischendurch lachen sie ausgelassen. Harmonische Melodien klingen aus den Lautsprechern und sorgen für ein wohliges Ambiente. Das Lokal ist in dumpfes Licht gehüllt und verleiht selbst harten Gesichtszügen eine sanfte Ausstrahlung. Mein Freundeskreis empfängt mich freudig und ich bestelle den ersten Drink. „Schön, dass du da bist. Wie geht's dir? Wie war dein Tag?", fragt mich jemand aus der Runde. Doch ehe ich etwas erwidern kann, führt mein Gegenüber bereits eine Unterhaltung mit einer anderen Person. Ich nehme einen Schluck von meinem Getränk und es vergehen einige Minuten. *Könntest du nicht wenigstens so tun, als ob du dich für mich interessierst?* Die anfängliche Konzentration, mit der ich den beiden zugehört habe, verblasst allmählich und weicht Langeweile. Ich muss gähnen, und als ich schon fast nicht mehr mit der ungeteilten Aufmerksamkeit meines Gegenübers rechne, wiederholt es seine Frage mit einer flüchtigen Entschuldigung. *Na, endlich!* Ich freue mich, antworten zu können, werde aber nach den ersten Sätzen unsanft unterbrochen. „Das kenne ich nur zu gut. Bei mir im Job ist auch gerade die Hölle los. Gestern bin ich mit einigen Mitarbeitenden aneinandergeraten und die Führungskraft macht ständig Druck. Ich erzähle dir, was heute vorgefallen ist. Das wirst du nicht glauben! Stell dir vor ...", setzt mein Gegenüber an und verliert sich in einem schier endlosen Redeschwall. *Du machst nicht einmal ansatzweise das Gleiche durch wie ich. Boah, hör auf zu reden!* Mit ausdrucksloser Miene leere ich mein Glas und versuche, meine Mimik nicht entgleisen zu lassen. *Ich halte das nicht mehr aus! Was für ein gehaltloser Sprechdurchfall! Eigentlich interessiert mich dieses Geschwafel kein bisschen, vor allem nicht im Detail.* Ich bestelle noch ein Viertel Wein, schütte es in einem Zug hinunter und bemerke, wie mir der Alkohol zu Kopf steigt. Eine benebelnde Leichtigkeit legt sich über mich und ich registriere, wie die Realität im Hintergrund verblasst. *Ach, laber doch weiter, wenn's dir so großen Spaß macht. Das geht bei mir rein und direkt wieder raus.* Die Worte meines Gegenübers fließen mit der restlichen Geräuschkulisse zusammen, und im wohltuenden Schleier des Rausches ordere ich den nächsten Drink. Je mehr ich mich mit Alkohol betäube, desto besser kann ich mich entspannen – und das, obwohl mein Gegenüber nach wie vor quasselt: „Puh, ich muss schon die ganze Zeit pinkeln. Aber der beste Teil meiner Geschichte fehlt noch. Lauf nicht weg! Ich komme wieder." *Na, prima! Das hat mir noch gefehlt.* Wenigstens vorübergehend bin ich dem einseitigen Dialog entflohen und wende mich erleichtert den anderen am Tisch zu. Sogleich hebt die Person zu meiner Linken ihr Glas, prostet mir zu und erkundigt sich nach meinem Befinden. *Vielleicht habe ich dieses Mal mehr Glück!* Zum zweiten Mal an diesem Abend werde ich gefragt, wie es mir geht, und ich erzähle ehrlich von meinem Tag. „Das kennen wir doch alle, Familie eben. Sie meinen es bestimmt nicht böse ..., sei nicht so streng mit ihnen. Immerhin hast du eine Familie, über die du dich ärgern kannst", seufzt die Person und klopft mir unbeholfen auf die Schulter. Missmutig denke ich über ihre Worte nach, bevor sich mein Magen verkrampft und sich meine Kiefermuskeln anspannen – ein innerer Widerstand macht sich bemerkbar. *Ich bin es leid, dass mich niemand versteht!* Gleichzeitig frage ich mich, ob ich bei meiner Familie überreagiert habe.

Einerseits erscheint mir das Verhalten meiner Verwandten mir gegenüber ungerecht, andererseits überfallen mich starke Gewissensbisse. Schließlich weiß ich, dass meine Eltern nur das Beste für mich wollen und wie schwierig sie es im Leben hatten. Immerhin haben sie mir das oft genug gesagt. Trotzdem belastet es mich, wie sie mit mir umgehen. Ich kann es weder mir selbst noch den anderen recht machen. *Hört das jemals auf?* Erneut erlebe ich eine Achterbahnfahrt der Ambivalenz, und meine widersprüchlichen Emotionen sorgen für Verwirrung. Es ist, als ob ich kopfüber in einem Looping feststecke, und ich hasse dieses Gefühl. Der Person neben mir bleibt mein gequälter Gesichtsausdruck nicht verborgen. „Habe ich etwas Falsches gesagt? Es war ja nur gut gemeint. Deine Familie macht sicher ihr Möglichstes. Und sie lieben dich doch. Sag ihnen bei nächster Gelegenheit einfach, was sie hören wollen. Ich mache es genauso", wirft sie ein und ringt sich ein mitleidsvolles Lächeln ab. *Blablabla, das ist absolut nicht hilfreich! Schluss mit dem Gerede!* Zähneknirschend gebe ich ihr vermeintlich recht und entfliehe dem Gespräch, indem ich an der Bar eine Runde Schnaps für alle bestelle. Mittlerweile bin ich zu erschöpft, um weiter über diesen mühsamen Tag zu reden. *Bringt sowieso nichts!* Ich habe ohnehin schon länger den Eindruck, dass meine Bekannten und ich nicht dieselbe Sprache sprechen. Für mich ist es kein Miteinander, sondern ein Aneinandervorbei. Mir ist bewusst, dass ich mir die Gesellschaft dieser Menschen im Gegensatz zu meiner Familie selbst ausgesucht habe – dennoch fühle ich mich auch in diesen Reihen fremd. *Bin ich wirklich allein auf dieser Welt?* Am liebsten würde ich sofort heimgehen und mich verkriechen, aber aus Höflichkeit bleibe ich. Zumindest entkomme ich der pieselnden Quasselstrippe, die sich nach ihrem Toilettenbesuch zielstrebig ein neues Opfer gesucht hat, und lasse mich den restlichen Abend von den Gesprächen der anderen berieseln. *Uff, war das anstrengend!* Als ich zu später Stunde aus dem Lokal trete, vernehme ich auf einmal Geräusche, die scheinbar aus dem Nichts erklingen: Das Murmeln tausender Stimmen verschmilzt zu einem melodischen Rauschen. Ich höre das Klatschen von Händen, das Stampfen von Füßen, Jubelrufe und brüllende Anfeuerungen. Laute Musik hallt durch die Luft. *Jetzt geht das schon wieder los!* Obwohl ich mir diese geheimnisvollen Visionen immer noch nicht erklären kann, kommen sie mir auf einmal seltsam vertraut vor. Eine leise Vorahnung wächst in mir, dass all diese spontanen Eingebungen noch eine besondere Bedeutung für mich haben werden.

Dreißig Minuten später fällt die Tür hinter mir ins Schloss und ich bin endlich zu Hause bei meinem Lebensmenschen. Ich sehne mich nach Wärme und Geborgenheit. „Hallo Schatz, ich bin wieder da!", rufe ich leicht angetrunken. Keine Reaktion. Statt einer heimeligen Atmosphäre empfängt mich eine gespenstische Stille, die mich sogleich bedrückt. *Igitt!* Ein abgestandener Dunst hängt in der Luft, mir dringt der Geruch von gekochtem Kohl in die Nase. Auf meinem Weg durch die Wohnung stolpere ich beinahe über herumliegende Gegenstände, die kreuz und quer am Boden verteilt sind. Als ich ins Wohnzimmer gelange, erblicke ich eine regungslose Gestalt auf dem Sofa, die in den Fernseher glotzt. *Warum nimmst du mich nicht wahr?* Enttäuscht wiederhole ich meine Begrüßung. „Oh! Ich habe gar nicht mitbekommen, dass du hier bist", murmelt mein Lebensmensch. Hastig mache ich ein paar Schritte Richtung Couch und wir geben uns einen raschen Kuss, bei dem er unverändert mit einem Auge auf den Bildschirm schielt. *Das kann doch nicht dein Ernst sein? Willst du mich verarschen?* Ich weiche zurück und mein Blick wandert unbeholfen zwischen ihm und der Flimmerkiste hin und her. In diesem Moment wünsche ich mir Liebe, Zweisamkeit, Zuneigung und Sicherheit, stattdessen schnürt mir beklemmende Einsamkeit die Brust zu. Der Mensch, den ich brauche, um mich nicht allein zu fühlen, schenkt mir keinerlei Beachtung. Offensichtlich entfernen wir uns Tag für Tag ein Stückchen mehr und leben nur noch aneinander vorbei. *So weit sind wir also schon gekommen! Vielleicht sollten wir uns endlich trennen ... Nein! Ich kann nicht!* Die Leere in mir wird immer größer, während die Angst, verlassen zu werden, schlagartig jede Faser meines Körpers durchdringt. Obwohl ich unglücklich bin, ist ein Leben ohne ihn unvorstellbar für mich. Wie erstarrt stehe ich neben dem Sofa, bis mir auffällt, dass Werbung das Fernsehprogramm unterbricht. „Ist alles gut? Hattest du einen anstrengenden Tag?", fragt mein Lebensmensch mit ausdrucksloser Stimme. Ich bin unsicher, ob ich von meinem Frust der letzten Stunden erzählen soll, ringe mich aber schließlich dazu durch. Kurz darauf werde ich schroff unterbrochen: „Ach, das hört sich mühsam an! Lass uns morgen darüber reden. Die Sendung geht gleich weiter." *Wie bitte? Geht's noch ein bisschen gleichgültiger?* Das ist nicht die Reaktion, die ich mir gewünscht habe, und an diesem Punkt scheint die emotionale Distanz zwischen uns unüberwindbar. *Was ist bloß aus uns geworden?* Bedrückt schlurfe ich ins Badezimmer und lasse meinen beschissenen Tag noch einmal in Gedanken vorbeiziehen. *Verdammt, so will ich nicht leben!* Als ich wenig später resigniert im Bett liege und meine Augen auf die Dunkelheit richte, flackert erneut eines dieser rätselhaften Bilder in meinem Inneren auf: Vor mir entfaltet sich ein Ballett aus Farben, die sich in wellenförmigen Bögen über den Himmel ziehen, wie eine lebendige Sinfonie des Lichts. Sterne funkeln wie Diamanten und zarte grüne Strahlen tanzen über den Horizont. *Wie gerne wäre ich jetzt an diesem Ort.*

Neunhundert Minuten sind vergangen, seit ich heute das erste Mal die Augen aufgeschlagen habe. Obwohl mir die Müdigkeit in den Gliedern sitzt, finde ich keine Ruhe. Aus dem Wohnzimmer dringen die gedämpften Geräusche des Fernsehers und vereinzelt höre ich das entfernte Brummen vorbeifahrender Autos. Unruhig wälze ich mich auf der Matratze herum. *Ich möchte doch nur schlafen!* Mein Geist rast wild durcheinander und lässt sich nicht besänftigen. Ausgelaugt. Ungeliebt. Frustriert. Wütend. Unerfüllt. Schuldig. Nutzlos. Ungenügend ... so fühle ich mich nach einem ganz gewöhnlichen Tag in meinem Leben. *Bin das ich?* In einem Anfall von Hoffnungslosigkeit ziehe ich die Bettdecke über meinen Kopf, um mich vor meinen aufkommenden Selbstzweifeln zu schützen. *Netter Versuch, aber du kannst dich nicht vor dir selbst verstecken!* Mir wird heiß, meine Gedanken hängen in einer Negativspirale fest und zu allem Überfluss stelle ich nun auch meine eigene Existenz infrage: *Was passiert, wenn ich morgen nicht mehr aufwache? War das wirklich alles? Welchen Sinn hat mein Leben? Werde ich je das Gefühl haben, angekommen zu sein? Umgebe ich mich mit Menschen, die mir guttun? Soll ich es meiner Familie recht machen? Warum kann ich mit dem, was ich habe, nicht zufrieden sein? Bin ich anders, oder sind die anderen anders? Warum bin ich so, wie ich bin? Wer bin ich eigentlich?* Überfordert von all diesen unbeantworteten Fragen, schiebe ich die Bettdecke zur Seite und stöhne laut auf. *Es reicht! Ich denke zu viel!* Abgekämpft suche ich nach einem Rettungsanker – nach einem Funken Hoffnung, der mich aus dieser mentalen Sackgasse führt. *Mhm, wie wäre es mit meiner Dankbarkeitsliste? Zum x-ten Mal durchgehen kann ja nicht schaden.* Also denke ich darüber nach, wie schön es ist, in einem warmen Bett zu liegen, ein Dach über dem Kopf zu haben, gesund zu sein und dem sanften Rauschen des einsetzenden Regens zu lauschen. Und außerdem habe ich meine Familie, meine Beziehung und meinen Job. *Verdammt!* Je verzweifelter ich versuche, Dankbarkeit zu empfinden, desto stärker wird meine Unzufriedenheit. *Puh, diese Methode funktioniert bei mir anscheinend nicht ... Bin ich undankbar? Tief Luft holen! Halt, da war noch was ... Meine Bucket List!* Um dem negativen Sog zu entkommen, konzentriere ich mich nun darauf, mir meine Wünsche und Träume in Erinnerung zu rufen, und allmählich tauchen die ersten angenehmen Bilder auf. *Hach, wie schön! Werde ich eines Tages an diese Orte kommen?* Stück für Stück lässt mein innerer Druck nach und ich gleite in einen Zustand der Entspannung. Mein Puls verlangsamt sich, meine Atmung wird tiefer und eine bleierne Müdigkeit überfällt mich. Mein Körper wird schwerer, meine Umgebung verschwimmt und ich lasse mich immer mehr in mein Kissen hineinfallen, bis ich schließlich in einen unruhigen Schlaf drifte.

Sechzig Minuten, nachdem ich mich ins Bett gelegt habe, stehe ich am höchsten Gipfel des Kilimandscharo. Ich befinde mich am Uhuru Peak, 5.895 Meter über dem Meeresspiegel. Die Luft ist dünn und klar, und ich atme schwer, als hätte ich um jeden Höhenmeter gerungen. Kalter Wind schlägt mir entgegen, ehe das Licht der aufgehenden Sonne die umliegenden Erhebungen golden umhüllt. Der Himmel strahlt in einem wolkenlosen Blau und scheint so grenzenlos wie die atemberaubende Landschaft Afrikas, die sich unter mir erstreckt. Obwohl ich allein auf der Bergspitze stehe, ohne eine Menschenseele in Sicht, bin ich das erste Mal seit Langem nicht einsam. Mein Blick schweift über das überwältigende Panorama und ich fühle mich frei, wie schon ewig nicht mehr. Ein sanfter Luftzug umspielt mich und ich schließe die Augen. *Seltsam! Wie bin ich nur an diesen Ort gekommen?* Während ich dem Gedanken nachhänge, trifft es mich wie aus dem Nichts: Das Erklimmen des Kilimandscharo ist ein Punkt auf meiner Bucket List! *Unfassbar!* „Was steht noch auf deiner Bucket List?“, erklingt plötzlich eine Stimme hinter mir. Ohne mich umzudrehen, lasse ich die imposante Gegend weiterhin auf mich wirken und antworte in einem tranceartigen Zustand: „Die Nordlichter in Island sehen, den Super Bowl live erleben, Spanisch lernen, ein Buch schreiben, bei einer Full Moon Party auf Koh Phangan feiern, den Jakobsweg gehen, Macarons essen und dabei den Eiffelturm bestaunen, Walhaie beim Schwimmen beobachten, eine Fahrt im Heißluftballon machen, am Vulkan Gunung Batur auf Bali zelten und das beste Gelato in Italien genießen." Während ich meine Wünsche aufzähle, durchzieht ein leichtes Kribbeln meinen Bauch, ich bekomme Gänsehaut und muss unwillkürlich lächeln. „Fühlt sich gut an, oder?", höre ich erneut die Stimme. Ich nicke und frage mich, wer mit mir spricht. Neugierig werfe ich einen Blick über die Schulter, aber da ist niemand. *Jetzt verliere ich tatsächlich den Verstand!* Ich kneife mir in den Arm, als die wundersame Stimme wieder an mein Ohr dringt.

„Bist du bereit für die Bucket List 2.0?"

„Was ist das?"

„Eine abenteuerliche Suche."

„Aha ..."

„Es wird eine aufregende Expedition, eine wagemutige Unternehmung, eine fesselnde Entdeckungsreise, kurzum: ein verdammt faszinierender Trip!"

„Und wohin geht die Reise?"

„In die stürmischen Tiefen deiner eigenen Gedankenwelt, in die unerforschten Regionen deiner inneren Landschaft, zu den verborgenen Schätzen deiner Persönlichkeit, zusammengefasst: Du begibst dich auf eine Reise zu dir selbst."

„Und du begleitest mich?“

„Ja, ich werde ein Stück des Weges mit dir gehen und du kannst dabei ganz du selbst sein.“

„Wie soll ich das machen, wenn ich nicht weiß, wer ich bin?“

„Hast du dich schon mal gefragt, wer du bist, wenn du nichts und niemand sein musst?“

Plötzlich spüre ich, wie der Boden unter meinen Füßen nachgibt. Eine seltsame Benommenheit breitet sich in meinem Körper aus und mein Kopf fühlt sich an, als wäre er in Watte gepackt. Sämtliche Berggipfel verblassen und die Konturen der Region fließen ineinander. Die Welt beginnt zu rotieren und das Panorama des Kilimandscharo verschwimmt zu einem undurchdringlichen Nebel. Dann wird alles dunkel. Ich verliere das Bewusstsein.

Die anderen und ich

Ich sitze aufrecht und meine Beine fühlen sich schwer an. Alles um mich herum dreht sich, daher halte ich meine Augen fest geschlossen. Die Luft ist stickig, und ich höre das leise Knarren von Stühlen und das Rascheln von Kleidung. Neben mir schnauft jemand und ich erkenne, dass ich nicht allein bin. *Wie bin ich hierhergekommen?* Eine Weile verharre ich regungslos, bevor ich es wage, mich umzusehen. *Ach, du Schreck!* In einem Kreis sind etwa zwanzig Sessel aufgestellt, besetzt mit Menschen unterschiedlichen Alters, die auf etwas warten. Jemand hustet und trinkt hastig aus einer Wasserflasche. Die Person schräg gegenüber knetet ihre Hände und fixiert den Boden. Eine andere zieht ihren Pullover aus und faltet ihn sorgfältig. Manche wippen mit ihren Füßen oder schaukeln mit den Sesseln. Als ich mich zur Seite wende, fällt mir auf, dass mich einige der Anwesenden anstarren. Es ist mir unangenehm, da ich nicht sicher bin, ob sie nur neugierig sind oder mich kritisch mustern. *Wie peinlich, kennen sie sich oder bin nur ich neu hier?* Die Stille im Raum belastet mich und ich wundere mich, warum niemand spricht. Mir wird heiß und ich merke, wie ich anfange zu schwitzen. Nervös richte ich meinen Blick auf die Wand, um den Augenkontakt mit den anderen zu vermeiden, und suche nach einem Punkt, an dem ich mich festhalten kann. Schon immer fühle ich mich in Gruppen, die mir nicht vertraut sind, unwohl und momentan frage ich mich, ob alle darauf warten, dass ich etwas sage. Meine Anspannung wächst und ich überlege, aus dem Zimmer zu stürzen. *Geht es nur mir so?* Am liebsten würde ich mich von den Leuten abschirmen, denn ich spüre ihre Stimmung deutlich. *Puh, das ist mir eindeutig zu viel!* Von links trifft mich Bitterkeit, von vorn überrollt mich Stress, von rechts kommt Verlegenheit auf mich zu, und die Person neben mir wirkt außerordentlich bedrückt. Über allem liegt jedoch eine seltsame Vertrautheit, die ich nicht einordnen kann. Unbehaglich wische ich mir die verschwitzten Handflächen an meiner Hose ab und rutsche nervös auf meinem Stuhl hin und her. Ich merke, wie mich die Fülle an Emotionen und die ungewöhnliche Situation in dieser Runde überfordern. Inzwischen schließe ich die Augen in der Hoffnung, mich unsichtbar zu machen. Das stetige Ticken einer Uhr dringt an meine Ohren, doch die Zeit scheint eingefroren – bis jemand plötzlich das Schweigen bricht. Die Person, die am nächsten zur Tür sitzt, hat offensichtlich all ihren Mut zusammengenommen und sagt, dass sie die Stille unruhig macht. In diesem Augenblick geht ein leises Aufatmen durch die Gruppe, und zeitgleich spüre ich Spannung, die wie ein Knistern in der Luft liegt. „Mir geht es genauso!", fiept eine lebhafte Stimme zwei Sessel weiter, und ich bin erleichtert, dass andere ähnlich empfinden wie ich. „Ich bin von der Arbeit her gehetzt und habe keine Lust, hier zu sein", fügt eine weitere Person hinzu. Einige nicken zustimmend, während andere ihre Freude über das, was sie erwartet, deutlich zeigen.

Allmählich kommt Bewegung in die Runde, und obwohl ich mich im Hintergrund halte, fühle ich mich mittendrin, anstatt nur dabei zu sein. Doch nachdem einige ihre Gedanken geteilt haben, verstummen die Anwesenden wieder und ich fixiere erneut einen Punkt an der Wand. Nervös spiele ich mit meinen Fingernägeln und lausche dem Ticken der Uhr. *Was ist das Thema dieser Gruppe und warum sind wir hier?* Eine gefühlte Ewigkeit später ergreift jemand unvermittelt das Wort und beginnt leise zu erzählen. Nur mit Mühe kann ich dem

Geflüster folgen, spüre jedoch eine aufsteigende Traurigkeit. Die Person spricht lange und ausführlich, ohne unterbrochen zu werden. *Was ist mit den Leuten los?* Niemand gibt ihr Ratschläge oder redet dazwischen, wie ich es sonst gewohnt bin. Gebannt höre ich zu, achte auf jedes einzelne Wort und stelle fest, dass ich mich in ihren Erzählungen wiederfinde. *Fühlt sie dasselbe wie ich?* Unsere Erlebnisse sind unterschiedlich, doch es scheint, als hätten wir ähnliche Erfahrungen gemacht. Mittlerweile schluchzt sie heftig und ich sehe in betroffene Gesichter. *Verdammt, hat denn niemand ein Taschentuch?* Aufgewühlt suche ich in meinen Hosentaschen, doch sie sind leer. Die Person weint minutenlang und die Aufmerksamkeit des gesamten Raumes bleibt auf sie gerichtet. Irgendwann beginnen einige der Versammelten, ihre Anteilnahme auszudrücken. Ich glaube, dass alle versuchen, auf ihre Weise hilfreich zu sein und zu unterstützen.

Auf einmal schaben Stuhlbeine über den Boden und mein Fokus wechselt abrupt, da jemand aufsteht und schnell den Raum verlässt. Selbst ohne die genaue Uhrzeit zu kennen, dürfte mindestens eine Stunde vergangen sein, seit wir uns in das eingebrachte Thema der Person vertieft haben. Erst jetzt bemerke ich, wie erschöpft ich bin, und unterdrücke ein Gähnen. *Langsam reicht's!* Sie weint noch immer, das Gespräch dreht sich im Kreis, und ich werde zunehmend ungeduldig. *Wann hört das Geheule endlich auf?* In mich gekehrt, versuche ich meinen Ärger zu verstehen und das Jammern auszublenden, doch es gelingt mir nicht. *Ich muss hier weg! Merkt denn niemand, dass wir uns wiederholen und auf der Stelle treten?* Trotzig verschränke ich die Arme vor der Brust und beiße mir auf die Lippen. *Boah, ist das mühsam! Diese Person nimmt sich viel Raum.* Ich bin gelangweilt und will nicht mehr zuhören. Langsam wird auch die Gruppe zappelig, und ich wundere mich, ob diese Erfahrung für sie genauso anstrengend ist wie für mich. *Jetzt zeig doch mal ein bisschen Mitgefühl! Ich würde gern, aber kann nicht. Auweia, meine Empathie hat allem Anschein nach Grenzen.* Prompt meldet sich mein schlechtes Gewissen, doch ich erkenne, dass ich nicht mehr bei der Person sein kann. Mein Bedürfnis, nach draußen zu gehen, wird immer stärker, als die Tür leise knarrt, ein Schatten hinter mir vorbeihuscht und die Runde wieder vollständig ist. *Wer kommt denn freiwillig zurück? Aber wenn ich wirklich abhaue, was denken dann die anderen über mich?*

Die zunehmende Unruhe ist offenbar nicht nur mir aufgefallen, denn kurz darauf schlägt jemand vor, eine Pause zu machen. Meine Augen bleiben an dieser Person hängen, und ich habe den Eindruck, dass sie den Überblick behält, für Struktur sorgt und sich um den Rahmen dieses Treffens kümmert. *Puh, bin ich froh. Zumindest irgendwer hat hier den Durchblick.* Erleichtert strecke ich die Beine aus, als mir unerwartet eine Schachtel Macarons vor die Nase gehalten wird. Dankend greife ich nach einem der köstlichen Gebäckstücke, springe von meinem Sessel auf und gehe zu einem der großen Fenster, das ich mit einem schnellen Handgriff öffne. Ausgelaugt sehe ich zum ersten Mal seit meiner mysteriösen Ankunft nach draußen und knabbere an der kleinen Leckerei. *Echt jetzt?* Ungläubig bleibt mein Blick an einem spitz zulaufenden Bauwerk hängen, das weit in die Höhe ragt, und ich verschlucke mich im nächsten Moment. *Macarons essen und dabei den Eiffelturm bestaunen ... Was für eine Farce! So habe ich mir das nicht vorgestellt!* Ich denke an meine Bucket List und huste ein hartnäckiges Krümelchen aus meiner Luftröhre. *Wie unangenehm, jetzt starren mich alle an.* Flott eilt jemand herbei, klopft mir kräftig auf den Rücken, und ich zucke zusammen. *Huch, ich mag es gar nicht, unerwartet berührt zu werden.* Ich winke ab und röchle noch eine Weile, bevor mich die Person in ein Gespräch verwickelt. *Ach du meine Güte!* Ich weiß, dass ich keinerlei Interesse an Small Talk habe, traue mich jedoch nicht, es ihr ehrlich zu sagen. Prompt schalte ich auf Durchzug und stelle aus Höflichkeit Gegenfragen, um zu verbergen, dass mir momentan überhaupt nicht nach Reden zumute ist. Krampfhaft bemühe ich mich um einen neutralen Gesichtsausdruck und antworte mechanisch. *Vielleicht sollte ich einfach vortäuschen, dass ich auf die Toilette muss?* Doch gerade als ich mir den letzten Rest meines Macarons in den Mund stopfe, ruft die Stimme von vorhin, dass die Pause zu Ende ist, und rettet mich aus meiner misslichen Lage.

Ohne Umschweife nehme ich wieder im Stuhlkreis Platz und beobachte die anderen eingehend. Einige wirken nun weniger zurückhaltend und machen einen gelasseneren Eindruck. Nachdem die übliche Anfangsstille vorüber ist, äußern sich mehrere Personen zu einem neuen Thema, was das Tempo und die Dynamik der Gruppe schlagartig verändert. *Was geschieht hier?* Plötzlich häufen sich ähnliche Geschichten zu dem ursprünglich eingebrachten Thema, die wenig Trost spenden und zunehmend überhandnehmen. *Ehrlich, das ist nicht der richtige Moment, um eure eigenen Geschichten in den Vordergrund zu rücken. Könnt ihr euch mal wieder zurücknehmen?* Während ein hitziger Wortwechsel entsteht, kippt die Stimmung von Mitgefühl zu Aggression und mein Unbehagen wächst. Ich bemerke, wie einige der Anwesenden die Konfrontation suchen, während andere sich zurückziehen. Unterdessen fliegen Sätze wie spitze Pfeile durch den Raum. *Los, mach deinen Mund auf!* Ich möchte etwas sagen, fühle mich in der Gruppe jedoch nicht sicher genug. *Ach egal, die da vorn bleiben auch stumm. Wenigstens gibt es hier Leute, die bisher ebenfalls nichts gesagt haben.* Die Geschwindigkeit der Diskussion überfordert mich zunehmend und ich bin völlig durcheinander. Obwohl ich mir Mühe gebe, den Aussagen zu folgen, blicke ich immer weniger durch. Anscheinend haben alle etwas anderes verstanden und nun gibt es viele unterschiedliche Standpunkte. Eine Person verwirrt mich besonders, da das, was sie sagt, nicht mit dem übereinstimmt, was ich fühle. Die nächste hört sich offenbar selbst gern reden und spricht so monoton, dass ich dabei einschlafen könnte. Rechts von mir unterbricht jemand ununterbrochen die Beiträge der anderen und stört den Gesprächsfluss. *Spürt sich dieser Mensch denn nicht? Der macht mich wahnsinnig!* Mittlerweile übertönen die Lauten die anderen so sehr, dass ich das Gefühl habe, die Leisen verlieren ihre Stimme. Ich sehe, wie mein Gegenüber mehrmals zu sprechen ansetzt, sich aber nicht einbringen kann, weil dauernd jemand das Wort an sich reißt. Unsere Blicke begegnen sich, und ich hoffe, dass es sich von mir gesehen fühlt, auch wenn ich es nicht hören kann. Ich hätte gern mitbekommen, was es zu sagen hat. *Das ist ja nicht zu ertragen! Könnt ihr mal die Klappe halten?* Müde erkenne ich, dass mir die Pariser Runde viel zu kompliziert ist. Ich passe nicht hinein und bin anders als sie. *Tja, auch in diesem Kreis fühle ich mich fremd ... und allein.* Bedrückt sinke ich tiefer in meinen Stuhl und schließe die Augen, bevor sich die Geräuschkulisse im Raum auf unerklärliche Weise in ein sanftes, beinahe angenehmes Rauschen verwandelt.

„Hallo, willkommen in Paris", ertönt plötzlich die wundersame Stimme.

„Du bist auch hier?", frage ich erstaunt.

„Ja, wie besprochen, reisen wir ab sofort gemeinsam."

„Und was machen wir jetzt?"

„Hm, was möchtest du tun?"

„Keine Ahnung ..., ich denke, mit dir reden, aber ich weiß nicht, wo ich anfangen soll.“

„Ich glaube nicht, dass es einen festen Anfang braucht.“

„Vielleicht nicht, aber ... Ähm, die Suche nach meinem eigenen Ich ... Sollte ich dir nicht von meiner Kindheit erzählen?“

„Nur, wenn du das möchtest.“

„Eigentlich nicht. Puh, ich bin nervös. Es ist so ungewohnt für mich, mit jemandem Fremden über mich selbst zu sprechen, und dann sehe ich dich ja nicht einmal.“

„Das kann ich gut verstehen. Es erfordert viel Mut.“

Verwirrt sehe ich zur Decke hinauf und frage mich, woher diese Stimme kommt und wer oder was dahintersteckt. *Träume ich, oder rede ich schon mit mir selbst? Bin ich verrückt?* Ich lasse meinen Blick durch den Raum schweifen und bemerke, dass die anderen Teilnehmenden weiterhin miteinander reden – ihre Lippen bewegen sich, doch ich kann ihre Worte nicht mehr hören. *Sehr seltsam! Wie ist das möglich?* Ich schließe erneut die Augen und warte darauf, dass die wundersame Stimme wieder zu mir spricht, doch es bleibt still.

„Äh, bist du noch da?“

„Ja, ich bin hier.“

„Weißt du, neulich meinte jemand aus meinem Freundeskreis, dass ich noch einiges aufarbeiten muss und es wichtig ist, damit ich mich selbst finde und es mir irgendwann besser geht.“

„Möchtest du darüber sprechen?“

„Eigentlich nicht, aber vielleicht sollte ich. Wenn ich mich damit auseinandersetze, wird es mir vielleicht endlich besser gehen, oder?“

„Das muss nicht zwangsläufig so sein. Ich glaube, mit der Zeit wirst du selbst spüren, was du dir zutrauen kannst. Und du musst nichts überstürzen, wenn du noch nicht bereit bist.“

„Puh, dann bin ich beruhigt.“

„Möchtest du, dass ich dir kurz etwas über mich erzähle?“

„Ja, gern.“

„Ich begleite schon seit einiger Zeit Menschen auf der Suche nach ihrem eigenen Ich. Wie du kommen sie irgendwann zu mir, und dann machen wir uns gemeinsam auf den Weg. Für mich zählt bei unserer gemeinsamen Reise vor allem unsere Beziehung zueinander.“

„Und kannst du entscheiden, mit wem du dich auf das Abenteuer einlässt?“

„Ja, es ist immer eine Entscheidung füreinander. Auch du wirst bald spüren, ob die Reise mit mir für dich passt.“

„Wirklich? Und was, wenn es zwischen uns nicht gut läuft?“

„Falls es so kommt, wird jemand anderes die richtige Begleitung für dich sein.“

„Okay, das ist gut zu wissen. Aber reden wir nur miteinander, oder gibt es auch spezielle Übungen oder Techniken, die du bei mir anwendest, damit es mir bald besser geht?“

„Nein, es gibt kein ‚um zu‘. Ich habe keinen Werkzeugkoffer. Alles wird aus unserer Beziehung heraus passieren.“

„Hm, keine Techniken also. Dann bleibst wohl nur du als Werkzeug übrig.“

„Ja, genau.“

„Aber du gibst mir schon Ratschläge, wenn ich welche brauche, oder?“

„In unserer Beziehung kann vieles Raum finden, auch mal ein Ratschlag, aber ich werde mich darum bemühen, nicht schlau zu sein. Ich bin fest davon überzeugt, dass alles, was du brauchst, bereits in dir steckt. Mir ist wichtig, dass wir uns auf Augenhöhe begegnen und du weißt, dass ich auch Unrecht haben kann.“

Ich öffne kurz die Augen und lasse ihre Worte auf mich wirken, während die nächste Pause beginnt. Die Anwesenden stehen auf, verteilen sich im Raum und unterhalten sich. Ein frischer Luftzug weht durch das eben geöffnete Fenster und ich beobachte die Leute – doch ihre Stimmen bleiben für mich weiterhin unhörbar. Verwundert denke ich über meine Reise nach und frage mich, wie sie mit der geheimnisvollen Stimme verlaufen wird. *Kann sie wirklich halten, was sie verspricht?* Zu oft habe ich erlebt, dass Menschen große Versprechungen machen und dann ihr Wort brechen oder mich herablassend behandeln. *Aber ist sie überhaupt ein Mensch? Vielleicht ist sie wirklich anders.*

„Ich habe Angst, dass unsere Beziehung scheitern könnte, bevor sie richtig beginnt. Das ist mir schon so oft passiert. Wenn du mich wirklich kennen würdest, würdest du verstehen, was ich meine."

„Falls das passiert, bin ich bereit, mit dir gemeinsam zu scheitern."

„W-was, w-wirklich? Und was, wenn ich wie so oft in meinem Leben auch auf dieser Reise das Gefühl habe, verloren zu gehen?"

„Dann werde ich dich wiederfinden!"

„Das würdest du tun?"

„Ja, und ich werde dich auf deiner Suche nach dir selbst nach bestem Wissen und Gewissen unterstützen, dir mit ehrlichem Interesse begegnen, versuchen, wertschätzend zu sein, dir zuzuhören, dich ernst zu nehmen und dich nicht zu bewerten. Ich werde authentisch sein und überall mit dir hingehen, wo du mich mitnimmst, mit dir gemeinsam aushalten und mit dir oder für dich hoffen."

Ah, es geht weiter! Nach der Pause hat sich die Gruppe wieder im Stuhlkreis eingefunden, und ihre Blicke verraten, dass sie darauf warten, dass jemand das Gespräch eröffnet. Grübelnd drehe ich mein Gummiband um das Handgelenk und starre gedankenverloren vor mich hin. Wenn die Stimme wirklich das hält, was sie verspricht, könnte sich zwischen uns eine einzigartige Beziehung entwickeln – etwas, das ich noch nie zuvor erlebt habe. *Doch kann ich ihr wirklich vertrauen?*

„Ähm, bleiben die Dinge, die ich dir über mich erzähle, unter uns?"

„Ja, deine Geheimnisse sind bei mir sicher."

„Okay, das klingt gut. Glaubst du, es wird mir bald besser gehen, wenn wir uns häufiger treffen? Wird es schnell gehen? Wird es anstrengend?"

„Das kann ich dir leider nicht versprechen, denn es ist dein eigener Prozess. Was ich dir sagen kann, ist, dass es nach unseren Gesprächen manchmal auch unangenehm sein könnte und sie dich unterschiedlich stark beschäftigen werden."

„Mhm, verstehe. Aber bedeutet das, dass es immer schwierig sein wird?"

„Nein, unsere Gespräche müssen nicht immer ernst sein. Es gibt auch viel Platz für schöne Momente, für Lachen, für Positives. Es ist deine Zeit und dein Raum – du entscheidest, wie du sie gestalten möchtest."

Was ist jetzt los? Plötzlich beobachte ich, wie zwei der Anwesenden aufstehen, in die Mitte des Kreises gehen und sich unter Tränen umarmen. Sie stehen einfach da und weinen gemeinsam. Minuten vergehen, während sie sich weiterhin festhalten, und ich frage mich, wann mich zuletzt jemand so lange und innig umarmt hat. „Warum bist du hier?", höre ich die geheimnisvolle Stimme, die schlagartig meine Gedanken unterbricht.

„Weil ich mit mir selbst und meinem Leben nicht zurechtkomme. Ich fühle mich anders als die anderen und so unglaublich allein in dieser Welt."

„Du hast das Gefühl, dass niemand da ist, der dich wirklich versteht."

„Ja, und das macht mich unendlich traurig."

„Ich kann das mit dir fühlen ... und trotzdem lächelst du."

„Ja, weil ich gestört bin! Eigentlich ist mir gar nicht nach Lächeln zumute."

„Was würdest du lieber tun, als zu lächeln?"

„Schreien, weinen und fluchen."

„Ich sehe, dass du zitterst."

„Ja, ich kann nicht anders, selbst wenn ich es gerne würde. Ich muss lächeln."

„Es ist völlig in Ordnung."

Im nächsten Moment bemerke ich, dass die beiden, die sich eben noch in den Armen hielten, wieder auf ihren Stühlen sitzen. Ihr Gesichtsausdruck wirkt entspannter, als hätten sie eine große Last abgeworfen. *Jetzt hör schon auf damit!* Ich lächle noch immer und sehe meine Eltern vor mir, für die ich als Kind so oft ein Lächeln aufsetzte, um sie glücklich zu machen. Nichts wünschte ich mir mehr, als dass es ihnen gut geht und sie sich an mir erfreuen. Ich lächelte für sie, nicht für mich – während ich innerlich heimlich weinte.

„Ich denke gerade über dein Anders-in-der-Welt-sein nach."

„Hm, oft fühle ich mich wie ein Pinguin in der Wüste, völlig deplatziert. Es gibt so vieles, das mich von anderen unterscheidet. Zum Beispiel bin ich in sozialen Situationen rasch überfordert und finde es schwierig, Beziehungen aufrechtzuerhalten. Reize nehme ich intensiver wahr als andere und ich bin viel schneller erschöpft als die Menschen um mich herum. Alles in meiner Umgebung empfinde ich sehr stark, und ich muss mich häufig zurückziehen, um das überhaupt ertragen zu können. Ich zerdenke und analysiere so viele Situationen, dass ich mich oft in einem endlosen Gedankenstrudel verliere, aus dem ich nur schwer herausfinde. Uff, und dann noch diese plötzlichen Veränderungen – sie stressen mich enorm, damit komme ich überhaupt nicht zurecht. Ich brauche Planung und Kontrolle ... ach ja, meine überhöhten Ansprüche an mich selbst und die harsche Selbstkritik, wenn ich diese nicht erfülle, hätte ich fast vergessen zu erwähnen. Im Umgang mit anderen Menschen bin ich oft unglaublich unsicher, und an manchen Tagen nagen meine Selbstzweifel fast unerträglich an mir."

„Puh, das stelle ich mir wahnsinnig anstrengend vor."

„Ja, es ist total anstrengend, ich selbst zu sein! Ich versuche wirklich, in dieser Welt zu funktionieren, aber irgendwie schaffe ich's nicht."

„Wie lange funktionierst du schon?"

„Seit meiner Kindheit, da habe ich mich schon anders gefühlt."

„Das ist eine sehr lange Zeit, in der du das alles aushältst."

„Mhm, und das Einzige, was ich will, ist, verstanden und akzeptiert zu werden. Ist das denn zu viel verlangt?"

„Du sehnst dich nach echten, bedeutungsvollen Beziehungen in deinem Leben."

„Ja, und ich kriege es nicht hin. Ich muss nur an die Pariser Runde denken und merke, dass ich einfach unfähig bin."

„Was kriegst du nicht hin?"

„In Beziehung zu anderen zu treten, normal zu sein, mich zu unterhalten, Small Talk zu führen, mich zu öffnen, neugierig auf andere zu sein und Freude an ihnen zu finden."

„Etwas scheint dich davon abzuhalten."

„Ich kann es nicht genau erklären, ähm, aber ich bin eben irgendwie immer auf der Hut."

„Wenn ich dich richtig verstehe, schützt du dich, indem du niemanden wirklich nah an dich heranlässt."

„Ja, enge Beziehungen sind zu riskant, da könnte ich verletzt werden."

„Diese Erfahrung kennst du gut."

„Hm, genau deshalb wollte ich mich in der Pariser Runde auch nicht äußern oder etwas von mir preisgeben. Ich bin doch nicht so naiv, ihnen eine Angriffsfläche zu bieten ... Nein, das kommt überhaupt nicht

infrage! Und wahrscheinlich hätte ich ohnehin nicht die Gelegenheit gehabt, etwas zu sagen. Die sind einfach viel zu kompliziert!"

„Ich kann gut nachvollziehen, dass dir das zu viel war. Wenn du möchtest, können wir beim nächsten Mal weiter darüber sprechen. Ich sehe gerade, dass es schon spät ist – ich muss jetzt los."

„Oh, okay! Die Zeit ist richtig schnell verflogen. Ich würde mir die Gedanken gerne notieren, damit ich sie nicht vergesse und zu Hause noch einmal durchgehen kann. Aber ich habe leider nichts zum Schreiben dabei."

„Sieh mal in deiner Hosentasche nach."

„Hä? Wie ist das da hingekommen?"

Überrascht ziehe ich einen kleinen Zettel und einen Stift hervor. *War die nicht eben noch leer?* Abermals trete ich ans offene Fenster mit dem imposanten Blick auf den Eiffelturm und beginne, meine Gedanken niederzuschreiben. *Hm, tiefe, bedeutungsvolle Beziehungen* ... Konzentriert kritzle ich einen Buchstaben nach dem anderen aufs Papier, jeder Strich scheint meine innere Welt ein Stückchen greifbarer zu machen. Kaum habe ich das Blatt sorgfältig zusammengefaltet und wieder in meine Tasche gesteckt, wird mir abermals eine Schachtel Macarons angeboten. Mit einem dankbaren Lächeln greife ich zu, beiße genussvoll hinein und lasse meinen Blick nach draußen schweifen. *Sonderbar, schmeckt das anders als vorhin?*

Versunken in die Aussicht bemerke ich zunächst nicht, wie sich meine Füße langsam vom Boden lösen. *Halt! Hilfe!* Ein unbehagliches Kribbeln macht sich in mir breit, dann spüre ich plötzlich, wie ich, von einer unsichtbaren Kraft getragen, über dem Parkett schwebe und mich vom Fenster entferne. *Oh nein, was war in diesen Macarons?* Verzweifelt rudere ich in der Luft, versuche nach dem Vorhang zu fassen, doch meine Fingerspitzen streifen nur das weiche Material. *Hä, was ist mit ihnen los?* Ohne Vorwarnung drehe ich mich wild um die eigene Achse, Panik breitet sich in mir aus, als ich die Pariser Runde sehe, die starr vor Schreck mit weit geöffneten Augen auf mich zeigt. *Bitte nicht!* Beim nächsten Windstoß werde ich aus dem Raum geweht, mein Atem geht stoßweise und mein Herz schlägt mir bis zum Hals, während ich in schwindelerregendem Tempo auf den Eiffelturm zurase. *War's das jetzt mit mir?* Die unerwartete Schwerelosigkeit reißt mich aus dem Gleichgewicht, und ich wirble ungebremst hin und her, bis ich schließlich die Kontrolle über meine Bewegungen zurückgewinne und erleichtert feststelle, dass ich offenbar doch nicht auf dem Asphalt aufprallen werde. Schon bald gleite ich gleichmäßig über die französische Hauptstadt hinweg, werde mit jeder weiteren Böe ruhiger und beobachte gebannt das lebhafte Treiben unter mir. *Ha, damit hätte ich nie gerechnet – aber das ist irgendwie fantastisch!* Ich genieße den wundersamen Flug über Paris immer mehr, ehe ich wenig später meinen Arm ausstrecke und die Spitze des Eiffelturms berühre.

Freier Fall und ambivalente Gefühle

Autsch! Der Boden, auf dem ich liege, ist hart und steinig. Ein stechender Schmerz durchdringt meinen Kopf, als ich die Augen öffne. Schwerfällig stehe ich auf und warte, bis sich mein Blickfeld klärt und ich meine Umgebung wahrnehmen kann. Vor mir erstreckt sich eine Landschaft mit sanften Hügeln und weiten Feldern, und ich setze vorsichtig einen Schritt vor den anderen. Unter meinen Füßen knirschen kleine Kieselsteine auf einem schmalen Weg, der in die Unendlichkeit zu führen scheint. Die kräftigen Farben der Blumen und das satte Grün der Wälder lassen die Naturkulisse wie ein gemaltes Bild wirken, das gerade Realität geworden ist. Der Duft von Erde und frischem Gras liegt in der Luft, und ich spüre, wie Energie in meinen Körper zurückströmt. *Wo bin ich?* Obwohl ich es nicht gewohnt bin, ziellos umherzuwandern, möchte ich an diesem unbekannten Ort versuchen, alles auf mich zukommen zu lassen – völlig planlos, ohne Erwartungen. Mehrere Stunden lang führt mich mein Pfad vorbei an idyllischen Dörfern, ausgedehnten Ebenen und plätschernden Bächen. *Puh, endlich lässt der Druck nach und mein Kopf wird klarer.* Mit jedem weiteren Meter merke ich, wie meine Gedanken leiser werden und ich wieder frei durchatmen kann. *Wenn ich diesen Augenblick nur festhalten könnte.*

Die Sonne brennt vom Himmel und ich entscheide mich für eine Pause. Erschöpft lasse ich mich ins Gras sinken und stütze die Ellbogen auf meine Knie. *Ich bin völlig am Ende!* Meine Beine pochen, ich starre abwesend in die Ferne und zupfe an einem Gänseblümchen. Für einen Moment denke ich an den Stuhlkreis, in dem ich eben noch saß, doch die Erinnerung an die Pariser Runde wirkt in dieser neuen Umgebung erstaunlich weit weg. In mich vertieft, sehe ich plötzlich eine Gruppe, die an mir vorbeizieht, und ich schiele neugierig in ihre Richtung. *Huch, winkt da jemand?* Ich frage mich, ob ich diese Person kenne, und erwidere zaghaft den Gruß. Daraufhin steuert sie schnurstracks auf mich zu, während die anderen weiterziehen. *Sie wird doch jetzt nicht zu mir rüberkommen, oder?* Knapp vor mir bleibt sie stehen und lässt sich unbeirrt neben mir nieder. Rasch zieht sie ihre Schuhe und Socken aus und macht es sich gemütlich. *Bäh, ich mag keine Füße! Und überhaupt – wer ist dieser Mensch und was will er von mir?* Aus dem Augenwinkel erkenne ich, wie die Person fröhlich mit den Zehen wackelt und dabei völlig gelassen wirkt, als wäre es das Natürlichste der Welt, sich barfuß zu Fremden ins Gras zu setzen. *Äußerst seltsam!* Für einige Minuten verharren wir schweigend nebeneinander, und ich erinnere mich erneut an die Pariser Runde. *Diese Stille! Muss ich jetzt ein Thema einbringen?* Obwohl wir nur zu zweit sind, ist diese Situation mindestens genauso befremdlich für mich. Ich spähe erneut hinüber und reibe nervös meine Daumen aneinander, doch im Gegensatz zu mir hat es sich mein Gegenüber im Schneidersitz bequem gemacht und kaut tiefenentspannt auf einem Grashalm. *Vielleicht will ich doch lieber allein sein?*

In der nächsten Sekunde weht eine starke Böe über das Feld, und ich fühle etwas Feuchtes auf meiner Stirn. *Fängt es jetzt an zu regnen?* Verwundert blicke ich nach oben und suche den Himmel nach grauen Wolken ab, als mein Gegenüber in schallendes Gelächter ausbricht und auf mich deutet. Irritiert bemerke ich, dass nun sein angeknabberter Grashalm auf meinem Gesicht klebt. *Igitt!* Angewidert werfe ich ihn von mir und schüttle mich vor Ekel, woraufhin es sich kichernd den

Bauch hält. Der Grünzeug-Fan, wie ich die Person insgeheim nenne, lacht derart ansteckend, dass ich mich nicht mehr beherrschen kann und ebenfalls beginne, laut zu prusten. „Tut mir leid, das war keine Absicht! Aber wer hätte erwartet, dass ein durchweichter Grashalm das Eis zwischen uns bricht?", schmunzelt er und tätschelt mir die Schulter. Theatralisch wische ich mir erneut über die Stirn, ehe er mich einlädt, von mir zu erzählen. *Hm, wo soll ich anfangen?* Ich zögere kurz, beginne dann aber zu sprechen. Anfangs kommen die Worte nur stockend, doch mit der Zeit fühle ich mich sicherer und öffne mich mehr. *So kenne ich mich gar nicht.* Stück für Stück bröckelt die Fassade, die ich für mich und andere so mühselig aufrechterhalte, und ich spüre, dass es sich in diesem Augenblick mehr nach mir selbst anfühlt.

So ist es also, wenn die Maske ein wenig fällt. Wir unterhalten uns noch eine Weile, bis die Gruppe von vorhin wieder vorbeizieht und der Grünzeug-Fan sich mit einer herzlichen Umarmung von mir verabschiedet. Schnell pflückt er einen frischen Grashalm, steckt ihn in den Mund, lächelt mir schief zu und folgt den anderen. Berührt von dieser Begegnung setze auch ich meinen Weg fort, während die Sonne hinter dem Horizont versinkt und der Abend näher rückt.

„Ich muss bald irgendwo unterkommen. Ich brauche dringend einen Ort, an dem ich die Nacht verbringen kann. Aber wo in aller Welt bin ich nur gelandet?", frage ich mich mit wachsender Unruhe, als die Dämmerung es zunehmend schwieriger macht, mich zu orientieren.

„Denk an deine Bucket List!", höre ich auf einmal die wundersame Stimme.

„Stimmt, da war doch etwas ..."

„Ich habe viele Menschen gesehen, die Muscheln an ihren Rucksäcken tragen. Das scheint eine beliebte Strecke zu sein."

„Ah, ich erinnere mich! Ich bin auf dem Jakobsweg!"

„Auf der Suche nach deinem eigenen Ich."

Uff, ich bin völlig durcheinander! Eben war ich noch in meinem Bett, dann plötzlich am Kilimandscharo, habe in Paris Macarons gegessen, und jetzt wandere ich auf diesem uralten Pfad. Das ist momentan alles etwas viel für mich, und ich wundere mich, wie ich dabei mein wahres Ich finden soll.

„Meine Suche nach mir selbst hat gerade erst begonnen, aber ich habe irgendwie keinen Plan, wo ich anfangen soll."

„Du bist bereits losgegangen, doch jetzt fühlst du dich unsicher."

„Mhm, eigentlich wollte ich hier alles entspannt auf mich zukommen lassen, aber jetzt merke ich, dass es mir schwerfällt."

„Was brauchst du, um wieder gelassener zu sein?"

„Ich brauche Sicherheit, um die Kontrolle nicht zu verlieren! Wenn ich die verliere, bricht alles zusammen. Das ist wie ein Sprung aus einem Flugzeug ohne Fallschirm – unvorstellbar."

„Ein Sprung ins Ungewisse."

„Genau, ohne Netz, ohne irgendetwas, das mich auffängt."

„Wie fühlt sich das an, im freien Fall zu sein?“

„Ähm, lass mich kurz nachdenken … Da ist diese Angst. Und dann fühle ich mich völlig hilflos, fast machtlos, ja, komplett ausgeliefert.“

„Kein fester Boden unter deinen Füßen, der dir Halt und Sicherheit gibt.“

„Das ist ganz furchtbar für mich.“

„Ich verstehe dich.“

„Wirklich? Du verstehst mich?“

„Ja, das tue ich.“

Ich halte vor einem großen Baum, abseits des Weges, lehne mich gegen den massiven Stamm und gönne mir eine kurze Pause. Die raue Rinde drückt gegen meinen Rücken, während ich den Blick in die Ferne schweifen lasse. Es ist lange her, dass ich das Gefühl hatte, jemand könnte wirklich verstehen, was in mir vorgeht.

„Wenn ich aber schon im freien Fall bin, dann möchte ich an einem Ort landen, wo mich eine Person willkommen heißt, die mich vorbehaltlos in den Arm nimmt, ohne etwas von mir zu erwarten.“

„Eine Person, die dir Halt gibt, als kämst du an einem vertrauten Ort an.“

„Oh ja, ein Ort, an dem ich ganz ich selbst sein kann.“

„Ich bin gespannt, wer du wirklich bist, wenn du du bist."

„Wahrscheinlich wäre ich dann authentisch, ohne Maske, echt. Verstehst du, was ich meine?"

„Du würdest dich nicht hinter einer Fassade verstecken und offen zeigen, was du denkst und fühlst."

„Genau so jemanden wünsche ich mir – einen gefestigten, authentischen Menschen, der mich nach meinem Sprung ins Ungewisse auffängt."

„Ich frage mich, ob du eines Tages selbst zu diesem Menschen für dich werden könntest."

„Im Moment kann ich mir das überhaupt nicht vorstellen."

„Vielleicht ist es noch zu früh."

„Offen gesagt, halte ich nicht besonders viel von mir. Glaubst du wirklich, dass ich jemals die Chance habe, dieser Mensch zu werden?"

„Ja, das glaube ich."

„Aber wie soll ich das schaffen?"

„Es erfordert Mut, sich so zu akzeptieren, wie man ist, und gleichzeitig die Entschlossenheit, sich weiterzuentwickeln."

„Und wenn ich diesen Mut nicht aufbringe? Bedeutet das, dass ich nie herausfinden werde, wer ich wirklich sein kann?"

„Dass du dir diese Frage stellst, zeigt, dass du den ersten Schritt bereits getan hast."

Nach einem tiefen Atemzug löse ich mich vom Baum und richte mich auf. Die Gedanken, die mich eben noch festhielten, verblassen ein wenig, als ich mich wieder in Bewegung setze. Langsam, aber sicher trete ich auf den Pfad zurück, bereit, die Suche nach mir selbst fortzusetzen, auch wenn die Zweifel noch in meinem Hinterkopf nagen.

„Möglicherweise zeigt sich mein Weg erst, während ich ihn gehe. Wer weiß, was ich alles entdecken kann, wenn ich mich voll und ganz auf diese Reise einlasse."

„Du möchtest die Kontrolle abgeben und dich für dieses Abenteuer öffnen."

„Ja, ich werde es wenigstens versuchen. Eben ist mir eingefallen, wie ich oben am Uhuru Peak stand und plötzlich dieses längst vergessene Gefühl von Freiheit in mir aufkam – es fühlte sich an, als hätte ich in diesem Moment ein neues Leben begonnen."

„Deine Reise startete in dem Moment, als du die Freiheit wieder gespürt hast."

„Es war ein echter Rausch, und gleichzeitig fühlte ich mich vollkommen ruhig. Vorher war alles so schwer und erdrückend, aber plötzlich wirkte die Welt so leicht, als wären meine Sorgen einfach verflogen."

„So viele verschiedene Emotionen auf einmal – das muss wirklich intensiv gewesen sein."

„Ja, das kenne ich nur zu gut und, ehrlich gesagt, es kann unglaublich anstrengend sein."

„Was macht es so anstrengend?"

„Hm, gute Frage ... Es ist, als ob ständig zwei Seiten in mir miteinander ringen – ein endloses Hin und Her. Ich denke nur an meinen Lebensmenschen ... Ich habe so viel Liebe für ihn, aber gleichzeitig bringt mich seine Art zur Weißglut. Wie kann es sein, dass ich mich nach Nähe sehne und zur gleichen Zeit das Bedürfnis habe, mich zurückzuziehen?"

Vor mir erscheint eine wettergegerbte Bank am Wegrand, umrahmt von blühenden Wildblumen. Als ich nähertrete, entdecke ich die in die Holzlehne geritzten Namen und Liebesschwüre – Inschriften, die von Geschichten, gemeinsamen Wegen und unvergesslichen Momenten erzählen. Automatisch schweifen meine Gedanken zu meinem Lebensmenschen ab, und ich frage mich, wo er jetzt ist und was er gerade macht.

„Und dann ist da diese Hoffnung, dass sich in meiner Beziehung endlich etwas zum Besseren wendet, doch gleichzeitig macht mich die Verzweiflung fertig, weil ich kaum noch daran glauben kann. Manchmal rede ich mir ein, dass alles in Ordnung ist, dass das Leben schon irgendwie weitergeht, und im nächsten Moment zieht mich das kleinste Problem komplett runter. Diese vielen unterschiedlichen Emotionen machen mich wahnsinnig! Nichts scheint zusammenzupassen. Pfff, was sagt das über mich aus? Bin ich zu unfähig oder schwach, um meine Gefühle zu ordnen?"

„Diese widersprüchlichen Empfindungen machen dir Angst, weil du sie nicht verstehst und nicht weißt, wie du damit umgehen sollst."

„Ach, ich glaube, ich bin einfach nicht normal!"

„Auf mich wirkst du ganz normal."

„Aber warum kann ich dann nicht klar und eindeutig fühlen, so, wie es andere tun? Die Menschen um mich herum scheinen so sicher in dem, was sie wollen und fühlen. Aber ich?"

„Du glaubst, du bist allein damit, aber ich kenne niemanden, der keine ambivalenten Gefühle hat."

„Meinst du, dass jeder Mensch solche Zwiespälte in sich trägt?"

„Ja."

„Und du? Hast du auch welche?"

„Natürlich."

„Und wie gehst du damit um?"

„Ich denke, dass verschiedene Gefühle nebeneinanderstehen können, ohne einander auszuschließen."

„Hä, nebeneinanderstehen? Gleichzeitig existieren?"

„Huch, es ist ja schon spät. Wenn du magst, können wir beim nächsten Mal da weitermachen. Ich muss jetzt los."

Erschöpft setze ich mich auf einen Stein und denke über das Gespräch mit der wundersamen Stimme nach. *Das darf ich auf keinen Fall vergessen!* Schnell ziehe ich den kleinen Zettel hervor und benutze meinen Oberschenkel als Schreibunterlage, um meine Notizen fortzuführen. Als ich das Blatt wieder in meine Hosentasche stecke, fällt mein Blick plötzlich auf eine abgelegene Steinhütte, die fast vollständig von dicken Ranken überwuchert ist. Sie liegt halb verborgen zwischen den hoch aufragenden Bäumen und wirkt verlassen, das Dach schwer unter einer dicken Moosschicht gebogen. *Was mag wohl im Inneren auf mich warten?* Ohne zu zögern, gehe ich darauf zu, während meine Schritte im weichen Gras kaum hörbar sind. Ein Kribbeln durchfährt mich, als ich den kühlen, abgenutzten Türknauf umfasse – mit einem lauten Knarren öffnet sich die Holztür und ich trete vorsichtig ins Innere.

Hinter der Maske

Moment mal, wie bin ich jetzt hierhergekommen? Ich finde mich in einem belebten Café an einem gemütlichen Tisch wieder und genieße den Duft von frisch gemahlenem Kaffee, der sich mit dem süßen Aroma frittierter Churros vermischt. Während ich mich umsehe, höre ich weiche Gitarrenmelodien aus Lautsprechern und fühle mich augenblicklich wohl. *Hm, hier könnte ich länger bleiben.* Mein Blick wandert über die rustikalen Holzmöbel, die maritime Dekoration und die bunten Keramikfliesen, die dem Café einen mediterranen Charme verleihen. Bilder von Küstenlandschaften zieren die Wände und ein gut gefülltes Bücherregal lädt zum Schmökern ein. Die Atmosphäre im Bistro ist lebendig und ich merke, wie gut es mir in dieser kleinen Oase der Geselligkeit geht. Als mir die Bedienung unaufgefordert einen Café con leche bringt, frage ich mich erneut, wie ich von der Steinhütte am Jakobsweg an diesen Ort gekommen bin. Ich nehme einen Schluck des heißen Getränks und betrachte das Treiben um mich herum. Durch das geöffnete Fenster beobachte ich Reisende, die mit Stadtkarten versuchen, sich im verwirrenden Netz aus charmanten Gässchen zu orientieren. Bei einem genaueren Blick erkenne ich die Silhouette eines beeindruckenden Bauwerks in der Ferne, das majestätisch in den Himmel ragt. Unsicher, ob mein Verstand mir einen Streich spielt, blinzle ich mehrmals und kneife verwundert die Augen zusammen.

Oha, ist es das, was ich denke? Meine Bucket List kommt mir in den Sinn und meine Mundwinkel ziehen sich wie von selbst nach oben – niemals hätte ich gedacht, dass ich direkt vor der berühmten Sagrada Família in Barcelona landen würde, um Spanisch zu lernen. *Wie geil!* Aufgeregt wippe ich mit dem Bein und rutsche unruhig auf meinem Stuhl hin und her. *Vielleicht klappt es ja bald mit einer Unterhaltung auf Spanisch?* Während sich Vorfreude in mir ausbreitet, dringt das beständige Klappern einer Tastatur an meine Ohren, und ich drehe den Kopf in Richtung des Geräuschs. Am Nebentisch sitzt eine Person, die konzentriert auf ihren Laptopbildschirm starrt und beim Schreiben den Rest der Welt vollkommen auszublenden scheint. *Was tippt sie da?* Blitzartig ist meine Neugier geweckt, ich möchte unbedingt wissen, woran dieser Mensch so intensiv und selbstvergessen arbeitet. *Wenn ich langweilige Excel-Tabellen ausfülle, sehe ich anders aus. Puh, zum Glück bin ich nicht im Büro.*

Mein Herz macht einen kurzen Sprung, als ich entgegen meiner Gewohnheit aufstehe, zum Tasten-Tornado hinübergehe und ihn mit einem schüchternen „Hola!“ begrüße. Er hält kurz inne, blickt überrascht zu mir hoch, und ich merke, wie ich rot werde. *War das unpassend? Was denkt er jetzt über mich?* Ich bereue meine spontane Reaktion, aber als er mir unerwartet ein herzliches Lächeln schenkt und ebenfalls grüßt, atme ich erleichtert auf. *Mist, wie soll ich mich jetzt mit ihm unterhalten?* Unsicher deute ich auf den Laptop, während der Tasten-Tornado die Stirn runzelt und sich nachdenklich am Hinterkopf kratzt. In einem Anflug von Verzweiflung gehe ich die wenigen spanischen Vokabeln durch, die mir aus dem letzten Urlaub im Gedächtnis geblieben sind, bis er sein Mobiltelefon zückt und fieberhaft darauf herumdrückt. Vorsichtig schiele ich auf das Display und registriere, dass er konzentriert Worte in eine Übersetzungssoftware eingibt. *Was will er mir sagen?* Doch bevor ich weiter darüber nachdenke, was er mir antworten könnte, streckt er mir sein Smartphone entgegen – er verfasst gerade sein erstes Buch. *Autsch, wunder Punkt! Ich bin nie über Seite vier hinausgekommen.* Abwechselnd tippen wir nun in das elektronische Gerät, um uns trotz der Sprachbarriere zu unterhalten, und der Tasten-Tornado erzählt mir, dass er schon seit vielen Jahren vom Schreiben träumt. Seine Augen leuchten, wenn er spricht, er gestikuliert leidenschaftlich und seine Freude ist ihm deutlich anzusehen. *Wow, schon mehr als die Hälfte geschafft – er zieht es tatsächlich durch!* Seine Begeisterung ist so ansteckend, dass ich sofort selbst Lust bekomme, mich hinzusetzen und loszulegen.

„Ich bin so inspiriert! Mir kommen tausend Ideen für ein eigenes Buch!", denke ich laut.

„Wann wirst du diesen Punkt auf deiner Bucket List erfüllen?", erklingt die offensichtlich körperlose Stimme, die mir zunehmend vertrauter wird.

„Das würde ich selbst gern wissen, aber mir kommt dauernd etwas dazwischen."

„Mhm, da gibt es etwas, das dir im Weg steht."

„Ja, das Leben!"

„Das Leben hält dich auf."

„Entweder sitze ich im Büro und versinke in Arbeit oder ich habe den ganzen Alltags- und Freizeitstress am Hals. Erholen kann ich mich da

kaum. Und selbst wenn ich mal Zeit hätte, bin ich nach einem langen Tag meistens zu erschöpft, um das zu tun, was ich wirklich will."

„Verstehe, du hast also nicht genug Zeit und Ruhe dafür. Denkst du, es gibt noch andere Dinge, die dich zusätzlich davon abhalten könnten?"

Ich beobachte, wie der Tasten-Tornado ein weiteres Getränk bestellt und in seine Arbeit vertieft weiter auf die Tasten drückt. Dieses Gefühl, völlig in etwas aufzugehen und den Rest der Welt auszublenden, kenne ich nur zu gut. Doch wie oft habe ich etwas mit Begeisterung angefangen und es dann nicht zu Ende gebracht? Vielleicht ist es gar nicht das Leben, das mich aufhält, sondern ich selbst, weil ich immer wieder Ausreden finde. *Warum stehe ich mir nur so im Weg?*

„Mhm, ich weiß nicht, ob ich das hinbekomme."

„Woran zweifelst du?"

„Na ja, so viele Leute schreiben Bücher. Wer sagt, dass ich überhaupt gut genug bin? Es gibt sicher viele, die das besser können als ich. Wahrscheinlich will am Ende niemand lesen, was ich schreibe – und selbst wenn doch, könnte es sein, dass sie schlecht darüber reden."

„Du hast Angst, was andere denken könnten."

„Ja, auf jeden Fall! Ein Buch zu veröffentlichen ist, wie sich vor der ganzen Welt zu entblößen. Ich zeige so viel von mir, und wenn es dann nicht gut ankommt, würde das echt wehtun."

„Das kann ich gut nachvollziehen. Mit so einem Projekt machst du dich für andere sichtbar."

„Ja, genau, ich stehe da ... ohne Maske, enthüllt, ungeschützt – wie nackt. Das Seltsame ist, ein Teil von mir sehnt sich danach, gesehen zu werden, aber gleichzeitig gibt es diesen anderen Teil, der Angst davor hat, sich zu zeigen."

„Es ist, als ob ein Teil von dir mutig vorangehen möchte, während dich der andere, zögerliche Teil, voller starker Gefühle und Unsicherheiten, zurückhält."

Ein plötzliches, lautes Klirren lässt mich zusammenzucken, und mein Blick wandert zur Theke. Die Servicekraft hat ein Tablett mit schmutzigem Geschirr fallen lassen, und jemand eilt mit einem Besen herbei, um ihr zu helfen. Während ich das Geschehen beobachte, gehen mir die Worte der körperlosen Stimme durch den Kopf, und ich werde traurig. *Warum kriege ich das nicht auf die Reihe?* Ich sprühe oft vor Kreativität, habe unzählige Ideen und denke außerhalb der gewohnten Bahnen, dennoch gerate ich bei der Umsetzung immer wieder ins Straucheln. *Was für ein Scheiß!* Es ist, als würde ich ständig hinter meinen Möglichkeiten zurückbleiben. Obendrein setze ich mich selbst unter enormen Druck und fürchte mich vor dem Scheitern. Diese verfluchte Angst vor negativer Kritik und Beurteilung lähmt mich zusätzlich und führt dazu, dass ich nichts tue. *Aber so bleibe ich immer unter dem, was ich sein könnte!*

„Ich wünschte, der Teil in mir, den ich unterdrücke, hätte den Mut, sich zu zeigen."

„Was, glaubst du, braucht dieser Teil, um seine Angst zu überwinden?"

„Puh, schwierige Frage. Lass mich kurz nachdenken ...“

„Kein Stress! Nimm dir ruhig die Zeit.“

„Also, ähm, dieser Teil in mir ... möchte irgendwie lernen, sich selbst zu vertrauen und, äh, zu sich zu stehen. Aber ... im Moment ist er mehr damit beschäftigt, es allen recht zu machen und bloß nicht unangenehm aufzufallen. Seine größte Angst ist, äh ... er selbst zu sein – und dann vielleicht nicht gemocht zu werden.“

Plötzlich steigt mir wieder der verführerische Duft von frisch gebackenen Churros in die Nase, und mein Blick wandert nach unten. Vor mir steht ein Teller, überquellend von goldbraunen, dampfenden Köstlichkeiten, die gerade erst aus dem heißen Fett gekommen sind. Sie sind mit reichhaltiger Schokoladensoße überzogen und mit bunten Streuseln bestreut. Als ich zur Servicekraft hinübersehe, lächelt sie mich freundlich an und deutet mit einer Geste, dass sie für mich bestimmt sind. Ohne zu zögern, reiche ich dem Tasten-Tornado ebenfalls einen Churro, beiße selbst genüsslich hinein und lasse das süße Aroma auf meiner Zunge zergehen. *Ich liebe gutes Essen!* Der knusprige Teig, die warme Schokolade – es ist, als würde für einen Moment alles um mich herum verschwinden. Doch kaum habe ich diesen Gedanken gefasst, driften meine Überlegungen zurück zu dem Gespräch mit der körperlosen Stimme. *Wie wäre es, wenn ich aufhören würde, ständig den Erwartungen anderer zu entsprechen? Was, wenn ich endlich damit anfange, für mich selbst einzustehen, meine eigenen Grenzen zu wahren und offen auszusprechen, was ich wirklich denke und fühle? Aber ist das wirklich der wahre Kern meines Wesens? Bin das wirklich ich?*

„Ich frage mich, wie es sich anfühlen würde, wirklich ich selbst zu sein – authentisch, ohne Maske, echt. Wahrscheinlich höre ich dann auf, anderen gefallen zu wollen, und beginne, offen auszusprechen, was in mir vorgeht."

„Aus- statt entsprechen."

„Hm, das könnte vieles leichter machen ... oder auch nicht, da bin ich mir nicht sicher. Warte mal, ich sollte das besser aufschreiben, bevor ich es vergesse ... Ähm, wahrscheinlich wäre es befreiend, ohne Maske zu leben."

Ich nehme einen weiteren Churro und kaue langsam darauf herum. Mein Blick schweift durch das Café, hin zu den Menschen, die an den Tischen sitzen und angeregt plaudern. Dabei frage ich mich, ob auch sie nur eine Fassade aufrechterhalten oder tatsächlich ganz sie selbst sind. Mein ganzes Leben lang habe ich mich überall angepasst und so viele Masken getragen, dass ich mich selbst kaum noch wiedererkenne. Immer bin ich so, wie ich glaube, dass mich andere haben wollen – doch nie bin ich wirklich ich selbst.

„Tja, ich spiele nur ein falsches Spiel, tue so, als wäre ich jemand, der ich gar nicht bin. Das ist echt jämmerlich."

„Wie wenn du nicht mehr so recht wüsstest: Was bin ich für ein Mensch oder wer bin ich eigentlich?"

„Verdammt, ja! Ich will diese verfluchte Fassade endlich loswerden und ich selbst sein! Schluss mit dieser Mogelpackung!"

„Am liebsten würdest du sofort einen Schalter umlegen und zack, wäre alles anders."

„Richtig … und wenn ich mich so zeige, wie ich wirklich bin, gebe ich den Leuten die Chance, die echte Version von mir zu sehen. Aber ich frage mich, ob sie mit so viel Authentizität überhaupt umgehen können.“

„Für mich hat das viel damit zu tun, sich anderen zuzumuten.“

„Da komme ich jetzt nicht mit …“

„Ich habe schon viele Menschen auf ihrer Reise begleitet, und aus meiner Erfahrung heraus haben sie oft Angst, dass sie niemanden finden, der sie so akzeptiert, wie sie wirklich sind – mit all ihren Eigenheiten, ihrem Verhalten, ihren Gedanken und Gefühlen. Bevor sie sich anderen wirklich zumuten, neigen sie dazu, Teile ihrer Persönlichkeit zu verstecken oder zu unterdrücken und stattdessen eine Fassade aufrechtzuerhalten – häufig ganz unbewusst.“

„Pfff, ich weiß nicht, ob ich mir mich selbst zumuten möchte.“

„Stell dir vor, du würdest es tun … Du betrittst den inneren Raum, in dem du auf dich selbst triffst. Was würde dann passieren?“

„Mhm, vielleicht würde ich mir zum ersten Mal in meinem Leben wirklich begegnen und neue Seiten an mir entdecken, die mir bisher nicht bewusst waren. Aber davor habe ich auch irgendwie Angst – mein altes Ich ist mir wenigstens vertraut, da kann mich nichts mehr überraschen.“

„Du kennst es gut, und obwohl du darunter leidest, ein falsches Spiel zu spielen, gibt es dir dennoch Sicherheit.“

Ein zarter Luftzug streift mich, und ich bemerke, dass die Servicekraft den leeren Teller wegnimmt. Ich nicke ihr dankend zu und sehe, wie der Tasten-Tornado weiterhin unermüdlich tippt, während eine Person am Nebentisch tief in ein Buch versunken ist. *Ui, wie cool wäre es, wenn ich tatsächlich ein eigenes Buch schreiben und sie es irgendwann lesen würde.*

„Es beschäftigt mich immer noch, ähm, das Buchschreiben. Woher weiß ich, ob ich das überhaupt hinkriege?"

„Ich frage mich gerade, was wäre, wenn es gar nicht darum ginge, es zu schaffen."

„Na ja, worum geht es dann?"

„Warum willst du denn ein Buch schreiben?"

„Ich hatte schon immer diese starke Sehnsucht, mich kreativ auszudrücken und meine Ideen fließen zu lassen. Und es wäre schön, wenn meine Texte viele Menschen berühren könnten."

„Wie würde es sich anfühlen, wenn du gerade die ersten Seiten deines eigenen Buches schreibst?"

„Ich spüre so eine Mischung aus Begeisterung, Unsicherheit und Aufregung ... alles auf einmal. Irgendwie erwache ich beim Schreiben auf eine besondere Art und Weise zum Leben. Meine Gedanken und Ideen nehmen plötzlich Form an, und jedes Wort könnte zu einer spannenden Geschichte werden. Ich erschaffe dabei eine eigene Welt, in die ich komplett eintauche. Ich bin ganz im Moment, nur bei mir – so stelle ich mir das vor."

„Und was wäre, wenn du nie damit anfängst?

„Nichts, dann würde ich das alles nicht erleben."

„Oh, unsere Zeit ist um und ich habe gleich mein nächstes Treffen. Bis bald!"

Grübelnd drehe ich die ausgekühlte Kaffeetasse in meinen Händen, während die Worte der körperlosen Stimme in meinem Kopf nachklingen. *Vielleicht geht es nicht nur darum, etwas zu schaffen, sondern um die Magie des Er-Schaffens selbst?* Unbewusst halte ich die Tasse kurz an meine Lippen, obwohl sie längst leer ist, und stelle sie dann zurück auf den Tisch. *Huch, wie ist das hierhergekommen?* Plötzlich bemerke ich, dass das Bücherregal, das eben noch am anderen Ende des Raums war, jetzt direkt neben mir steht. Neugierig erhebe ich mich und lasse meinen Blick über die dicht gedrängten Buchrücken und bunten Einbände wandern. Einige der Bücher wirken alt und abgenutzt, die Buchstaben leicht verblasst und die Seiten gewellt, andere erscheinen neu und glänzend. Die Titel in verschiedenen Sprachen laden zum Schmökern ein und ich streiche behutsam mit meinen Fingerspitzen über die Rückseiten, ehe ich einen dicken, aufwendig verzierten Wälzer herausziehe.

Im nächsten Moment spüre ich einen leichten Widerstand und höre ein sanftes Klicken, als ob ein geheimer Mechanismus aktiviert wurde. *Was war das?* Noch bevor ich es wirklich begreife, rutscht das Regal quietschend zur Seite und enthüllt einen schmalen Gang mit einer steilen Treppe dahinter. Ein erdiger Duft nach feuchtem Stein strömt mir entgegen und vermischt sich mit der kühlen Luft, die aus der Dunkelheit kommt. *Sehe nur ich das?* Überrascht blicke ich mich um, doch die anderen Gäste im Café schlürfen ungestört an ihren Getränken, ohne mir Beachtung zu schenken. *Na gut, weiter geht's!* Ich nehme einen tiefen Atemzug, schiele noch einmal verstohlen über meine Schulter und steige die Treppe hinab.

Zerbrechliche Zufriedenheit

Hartes Plastik drückt gegen meinen Rücken und mein Kopf brummt. Es riecht nach Popcorn, Hotdogs und verschüttetem Bier. Laute Musik schallt durch die Luft, begleitet vom Summen tausender Stimmen, begeisterten Anfeuerungsschreien und Jubelrufen. Rhythmisches Stampfen lässt meinen Sitz vibrieren, während Trommeln, Tröten und donnernder Applaus ertönen. Als ich meine Augen öffne, ist zunächst alles unscharf, bis meine Sicht klarer wird. *Hui, hier ist was los!* Wie in Zeitlupe drehe ich den Kopf nach links und rechts, fremde Gesichter starren mich an. Viele Leute tragen bunte Schals, Mützen oder auffällige Hüte, und einige von ihnen schwenken Fahnen. Ich frage mich, wo ich dieses Mal gelandet bin, und beobachte meine Umgebung: Über einem Spielfeld schweben riesige Bildschirme, die actionreiche Szenen und euphorische Menschen in Trikots zeigen. *Donnerwetter, wird dort unten etwa American Football gespielt? Ich bin tatsächlich beim Super Bowl in den USA gelandet!* Wie elektrisiert streiche ich das nächste Vorhaben von meiner Bucket List und verfolge beide Teams, die mit vollem Einsatz um den Sieg kämpfen. Ich brülle mit den anderen Fans um die Wette und lasse mich von der Energie der Menge mitreißen. *Jippie, ich bin so glücklich wie schon lange nicht mehr!* Der Person neben mir geht es wohl genauso, sie strahlt über das ganze Gesicht und ihre ehrliche, beinahe kindliche Begeisterung ist deutlich spürbar für mich. Schon bald bietet sie mir Popcorn aus einem großen Kübel an und wir trinken gemeinsam aus einem Strohhalm. Inzwischen fallen wir uns bei jedem weiteren Punkt unserer Lieblingsmannschaft in die Arme und sind vor Freude den Tränen nahe. *Warum kann es nicht immer so sein?*

In der nächsten Pause wird die Kiss Cam eingeschaltet. Sie zoomt abwechselnd auf Paare im Publikum und ermutigt sie, sich zu küssen. Amüsiert blicken die Leute zu den großen Stadionleinwänden und pfeifen laut. *Wann war mein letzter inniger Kuss?* Ich fühle mich ertappt, als mir mein Lebensmensch in den Sinn kommt, und ich realisiere, dass ich zwar an ihn gedacht, ihn bisher aber kein einziges Mal vermisst habe. Plötzlich sehne ich mich nach ihm und werde traurig – trotz unserer Probleme würde ich diesen Augenblick gerne mit ihm teilen. *Na toll, einer meiner größten Träume geht gerade in Erfüllung und ich sitze herum und bin deprimiert. Schluss jetzt, ich sollte eigentlich zufrieden sein und schätzen, dass ich hier bin.*

Gerade als die Menge beim nächsten Touchdown kollektiv aufspringt und die Arme in die Luft wirft, segelt mir ein Flugblatt entgegen. Mit einer unbeholfenen Handbewegung fange ich es ein und schließe meine Finger fest um das Papier. Verwundert lege ich es auf meinen Schoß und lese: „Wie oft habe ich gehört, dass ich eigentlich zufrieden sein sollte. Inzwischen sage ich diesen Satz zu mir selbst und spreche ihn sogar vor anderen aus – bis die richtig schlechten Zeiten in meinem Leben kommen. Dann bin ich für eine Weile ehrlich zu mir selbst und höre auf, die Dinge schönzureden. Doch schon bald fällt mir wieder ein, dass ich mich besser fühlen muss, denn eigentlich geht es mir gut. War ich jemals wirklich zufrieden?" *Hä?* Ich bin überfordert und bemühe mich, die Bedeutung der Zeilen zu erfassen. Inmitten des lebhaften Spektakels erreichen mich diese Worte völlig unvorbereitet.

„Juchhu, ich bin beim Super Bowl!“, meldet sich meine gestaltlose Reisebegleitung.

„*D-du bist wirklich hier, ähm, in Amerika?*“, stammle ich verblüfft.

„Na klar, ich habe dir ja versprochen, dass wir uns gemeinsam auf die Suche nach deinem eigenen Ich begeben.“

„*Ich bin erstaunt, dass du dein Versprechen so konsequent einhältst und mir sogar bis hierher folgst. Um ehrlich zu sein, hätte ich mir das niemals erwartet.*“

„Schön, dass wir zusammen an diesem Ort sind.“

„*Geht mir genauso. Langsam gewöhne ich mich an dich.*“

„Wie hast du dich nach unserer letzten Begegnung in Barcelona gefühlt?“

„*Ähm, ehrlich gesagt, war ich ein wenig durcheinander.*“

„Da hat dich etwas beschäftigt.“

„*Ja ...*“

„Was genau hat dich durcheinandergebracht? Magst du es mit mir teilen?“

„Äh, e-es war mir im Nachhinein f-furchtbar peinlich, dir so viel über mich erzählt zu haben. Und dann ... dann dachte ich, du findest mich bestimmt komisch.“

„Ich finde dich überhaupt nicht komisch. Du kennst mich kaum, und trotzdem hast du dich mir anvertraut. Das ist sehr mutig, und ich kann deine Unsicherheit gut nachvollziehen.“

„Danke, das bedeutet mir viel. A-aber weißt du, dadurch, dass ich mich dir gegenüber öffne, fühle ich mich irgendwie ... angreifbar. Ähm, verstehst du, was ich meine? ... ach, vielleicht bin ich doch ... doch komisch ... oder k-kennst du das vielleicht auch?“

„Ja, das kenne ich gut. Damit setzt du dich dem Risiko aus, verletzt zu werden.“

„Puh, das beruhigt mich. Es ist gut zu wissen, dass ich nicht allein mit diesen Gefühlen bin.“

Beim nächsten Touchdown höre ich die Fans erneut lauthals jubeln und beobachte kurz die Menge. Die Luft vibriert vor Aufregung, die Menschen um mich herum strahlen vor Glück, und überall schießen die Arme nach oben. *Mhm, wie unbeschwert und sorglos sie noch immer sind.* Die ganze Tribüne scheint zu beben, während die Welle der Begeisterung von einem Ende zum anderen rollt. Es ist, als ob für einen kurzen Moment die ganze Welt nur aus diesem einen Augenblick besteht – pure, ungefilterte Emotion.

„Hach, wenn nur alles so einfach wäre. Ich kann mir wirklich nicht vorstellen, dass es durch das Reden besser werden kann. Wahrscheinlich mache ich mir nur etwas vor."

„Was kann nicht besser werden?"

„Uff, meine tausend Probleme! Denkst du wirklich, dass sie allein durch unsere Gespräche besser werden können?"

„Was glaubst du, was sonst helfen könnte?"

„Keine Ahnung, der Austausch mit meinem Freundeskreis hat mir bisher jedenfalls nicht weitergeholfen."

„Das könnte einer der Gründe sein, warum du diese Reise machst. Mhm, vielleicht hilft sie dir, ein Stück weiterzukommen."

„Aha, erwischt! Dann hast du den Zettel absichtlich vom Himmel fallen lassen, um mir einen Schubs nach vorn zu geben?"

„Es gibt kein ‚um zu' in unserer Beziehung. Ich werde mein Möglichstes tun, um dir absichtslos zu begegnen, und versuchen, dich nicht in eine bestimmte Richtung zu lenken. Neugierig und offen für dich zu bleiben und mich von dem überraschen zu lassen, was du mir zeigst, ist mir wichtig."

„Cool, also übernimmst du auch weiterhin keine Führungsrolle in unserer Beziehung?"

„Nein, und wenn es mir dennoch passiert, dann erinnere mich bitte daran. Du bist der Fachmensch in deinem eigenen Leben, denn niemand kennt es so gut wie du selbst."

„Und alles, was ich dir erzähle, bleibt unter uns, nicht wahr?"

„Ja, darauf kannst du dich verlassen."

Ein plötzlicher, schriller Pfiff unterbricht erneut meine Unterhaltung mit der körperlosen Stimme, und ich werfe einen Blick zum Spielfeld. Mein Team hat weitere Punkte erzielt, und die Chancen auf einen Sieg stehen gut. Gespannt folge ich dem Football, der über das Feld fliegt, bevor er sicher in den Händen eines Spielenden landet. *Wie oft haben andere so getan, als wüssten sie besser, was richtig für mich ist? Wie oft wurde ich bevormundet und nicht ernst genommen? Sie geben mir das Gefühl, unfähig zu sein, und das erschwert es enorm, an mich selbst zu glauben.* Frustriert lasse ich den Kopf sinken und bemerke das Flugblatt, das noch immer in meinem Schoß liegt. Mit einem Seufzer lese ich die wenigen Zeilen noch einmal, bevor ich mich wieder meiner gestaltlosen Begleitung zuwende.

„Du solltest eigentlich zufrieden sein ..., wenn ich das lese, geht es mir sofort schlecht – hm, das haben mir meine Eltern in meiner Kindheit andauernd gesagt. Schließlich hatten wir ein Dach über dem Kopf und jeden Tag eine warme Mahlzeit. Außerdem haben sie hart gearbeitet, damit ich eine gute Schulausbildung bekomme. Bis heute erwarten sie von mir, dass ich nicht übersehe, wie viel schlechter es anderen geht – sonst wäre ich undankbar. Jetzt, als erwachsene Person, höre ich oft von Bekannten, dass sie sich sagen, sie sollten zufrieden sein. Immerhin haben

sie eine Wohnung, einen sicheren Job und eine Familie. Das führt dazu, dass ich denke, ich müsste auch zufrieden sein, weil ich das Gleiche habe.“

„Das ist etwas, was du schon lange mit dir herumträgst – so, als ob du dich für etwas schuldig fühlst und nicht recht weißt, warum?“

„Ja, und dann ziehe ich mich in mein Innerstes zurück, dahin, wo die Erwartungen der Außenwelt mich nicht erreichen können. Weißt du, äh, in meinem Leben war bisher nichts selbstverständlich. Für alles musste ich kämpfen oder zumindest dankbar sein. Aber in mir drin, wenn ich mich zurückziehe und allein bin, darf ich einfach sein, ohne jegliche Anforderungen oder Druck.“

„Da gibt es einen sicheren Rückzugsort. Wie fühlt es sich an, diesen Ort in dir zu haben?“

„Dort finde ich meine Ruhe und kann loslassen – niemand will etwas von mir. Alles wird unwichtig, ich muss nicht darüber nachdenken, ob ich dankbar oder zufrieden sein sollte oder wie viel andere haben und ob sie damit glücklich sind. Diese Vergleiche, die in meinem Umfeld so verbreitet sind, spielen an meinem inneren Ort keine Rolle.“

„Du hast einen Platz in dir, an dem du ganz bei dir sein kannst.“

„Mhm, ja, darf ich dir eine Frage stellen?“

„Was möchtest du wissen?“

„Bist du zufrieden mit deinem Leben, so, wie es ist?“

„Im Großen und Ganzen, ja."

„Bedeutet das, dass du immer zufrieden bist?"

„Nein, nicht immer. Ich frage mich gerade, was es für dich bedeuten würde, immer zufrieden zu sein."

„Ich glaube, das ist gar nicht möglich. Es gibt kurze Momente, in denen ich mich glücklich fühle – so wie eben, als mir klar wurde, dass ich tatsächlich beim Super Bowl bin."

„Vorübergehend bist du glücklich."

„Genau, aber das hält nicht lange an. Sollte Zufriedenheit nicht etwas Beständiges sein?"

„Du überlegst, ob es einen Unterschied zwischen glücklich sein und zufrieden sein gibt."

„Ja, irgendwie schon, aber ich bin mir nicht ganz sicher. Und für dich?"

„Was würde sich für dich ändern, wenn es für mich einen Unterschied macht?"

„Na ja, vielleicht könnte ich dann meine Gedanken dazu klarer ordnen."

„Okay, hm, für mich sind die beiden nicht dasselbe. In meiner Welt existieren sie nebeneinander, im besten Fall in einem harmonischen Zusammenspiel. Zufriedenheit fühlt sich für mich wie eine stille, innere Freude an – ruhig und ausgeglichen. Glücklichsein ist dagegen mehr wie ein intensiver, lebendiger Moment voller Freude.“

„Kannst du mir noch genauer beschreiben, wie es für dich ist?“

„Natürlich, lass es mich versuchen! Also, Zufriedenheit ist wie eine Melodie, die im Hintergrund meines Lebens spielt. Manchmal ist sie laut und klar, und ich fühle mich getragen und ruhig. Aber es gibt auch Tage, da wird diese Melodie ganz leise, fast unhörbar, und ich muss mich anstrengen, sie überhaupt wahrzunehmen. Hm, und dann gibt es diese besonderen Momente des Glücks, die plötzlich aufblitzen – wie ein funkelnder Stern am Nachthimmel. Diese Augenblicke erhellen alles um mich herum, auch wenn die Melodie gerade leise spielt. Aber genau diese Balance zwischen leisen und lauten Tagen macht das Leben für mich interessant.“

„Ah, verstehe! So siehst du das also.“

„Für mich fühlt es sich so an, aber dein Erleben kann ganz anders sein als meines – du könntest es auf eine andere Weise sehen und empfinden.“

Ich schließe die Augen und denke über die Worte der körperlosen Stimme nach. In meiner Familie war es immer wichtig, dass alle dasselbe dachten und fühlten, sonst führte es unweigerlich zu Ärger und Streit. Eine eigene Meinung zu haben oder etwas anderes zu empfinden, kam nicht infrage. Doch jetzt, bei meiner gestaltlosen Begleitung, kann ich Dinge anders sehen, ohne dass sie mir deswegen böse ist oder Vorwürfe macht. Es ist ungewohnt, aber befreiend – als ob ich zum ersten Mal in meinem Leben wirklich ich selbst sein darf.

„Früher war ich überzeugt davon, dass meine Zufriedenheit echt ist."

„Und heute?"

„Jetzt frage ich mich, ob ich mir das nicht nur eingeredet habe, um den Erwartungen der anderen zu entsprechen. Verdammt, eigentlich bin ich nicht wirklich zufrieden! Ähm, ich bin schon wieder komisch, oder? Oh ... oje, wie p-peinlich, ähm, findest du mich m-merkwürdig?"

„Nein, überhaupt nicht. Ich kann gut verstehen, was du sagst."

„Puh ... das erleichtert mich."

„Trotzdem wirkst du plötzlich sehr frustriert auf mich."

„Na ja, es fühlt sich merkwürdig an, das laut auszusprechen ... zuzugeben, dass meine Zufriedenheit vielleicht nur oberflächlich war. Und gleichzeitig gestehe ich mir damit ein, dass vieles in meinem Leben anders läuft, als ich es mir erhofft habe ..., fast, als hätte ich versagt."

„Du fängst an, dich selbst zu hinterfragen und genauer auf dich hinzusehen."

„Ich bin mir nicht sicher, ob das so gut ist ... Es ist auf jeden Fall nicht angenehm!"

„Wie fühlt es sich an, wenn du dir selbst sagst, dass du eigentlich zufrieden sein müsstest?"

„Eine Zeit lang war das okay, weil ich mich nicht mit der Realität konfrontieren musste, dass ich hinter meinen eigenen Erwartungen zurückbleibe und mein Leben nicht so verläuft, wie ich es mir vorgestellt habe. Aber allmählich wurde ich innerlich immer unruhiger, ohne genau zu wissen, warum. Jetzt merke ich, dass das nicht wirklich ich bin. Meine Gedanken passen nicht zu meinen echten Gefühlen – verstehst du, was ich meine?"

„Das geht einfach nicht zusammen."

Während ich sehe, wie zwei Spielende in einen Streit geraten und einander schubsen, kommen mir plötzlich die Worte meiner Eltern in den Sinn: „Sei doch nicht immer so unzufrieden! Du bist wirklich ein undankbares, freches Kind. Anstatt froh zu sein, dass es dir bei uns so gut geht – andere Kinder haben nicht so viel Glück. Aber warte nur, du wirst schon sehen, was du davon hast. Dann machen wir eben gar nichts mehr für dich."

„Ach, was rede ich überhaupt? Bei mir ist alles in Ordnung, besonders wenn ich mir andere anschaue. Ich will mich nicht beschweren."

„Du denkst, du solltest zufrieden sein, weil es anderen schlechter geht."

„Ja, genau, aber trotzdem fühle ich mich nicht so ... Pfff, immer diese Widersprüche in mir."

„Das, was du denkst, passt nicht zu dem, wie du dich fühlst."

„Mhm."

„Was müsste passieren, damit du zufriedener wirst?"

„Na ja, ich würde mich über eine erfolgreiche Karriere freuen, eine erfüllte Liebesbeziehung, ein tolles Verhältnis zu meiner Familie – und vielleicht noch ein schönes Haus im Süden. Wahrscheinlich könnte ich erst dann richtig glücklich und zufrieden sein."

„Das ist der einzige Weg, den du im Moment siehst."

„Natürlich! Alle streben nach diesen Dingen."

„Bei mir kommt an, dass deine Zufriedenheit stark von äußeren Faktoren abhängt."

„Mhm, irgendwie schon. Jetzt, wo wir darüber sprechen, merke ich erst, wie selten ich von mir selbst ausgehe. Meine Unzufriedenheit basiert oft auf Vergleichen mit anderen oder auf unrealistischen Vorstellungen von Erfolg und Glück."

„Es braucht Mut, sich einzugestehen, dass man nicht in allen Bereichen seines Lebens zufrieden ist."

„Stimmt. Das ist eine unangenehme Sache. Auf einmal habe ich das starke Gefühl, dass ich mich, sobald ich wieder zu Hause bin, mit meinen ungelösten Problemen und unerfüllten Wünschen auseinandersetzen muss. Das macht mir schon ein bisschen Angst, aber vielleicht ist es auch eine Chance für mich, mehr Zufriedenheit zu finden."

„Irgendwie weißt du, dass ein ganz mühevoller Weg vor dir liegt."

„Ja, ähm, glaubst du, meine Unzufriedenheit könnte sich ändern, wenn ich wirklich anfange, daran zu arbeiten?"

„Da bin ich mir ganz sicher! Es liegt in deiner Hand. Wie sieht diese Veränderung für dich aus?"

„Ich weiß nicht so recht. Aber ich denke, der erste Schritt ist, ehrlich zu mir selbst zu sein und anzuerkennen, dass ich in einigen Bereichen unzufrieden bin … also, ich meine, die Emotionen nicht länger wegschieben, sondern zulassen. Bisher hat das Verdrängen nichts Positives gebracht."

„Du möchtest deinen Gefühlen aufrichtig begegnen und sie verstehen."

„Ja, und ich glaube, das gelingt mir am besten, wenn ich mich von dem Gedanken ‚Eigentlich sollte ich zufrieden sein' verabschiede und mir offen eingestehe, dass ich unzufrieden bin."

„Hm, und vielleicht kann in der Annahme der Unzufriedenheit das erste Mal der Keim für echte Zufriedenheit schlummern."

„Puh, mein Kopf raucht. Darüber muss ich in Ruhe nachdenken! Wenn wir schon dabei sind – es ist Zeit, meine Gedanken festzuhalten."

„Das ist ein gutes Stichwort. Ich werde mich jetzt auch auf den Weg machen. Bis zum nächsten Mal!"

Die Menge tobt vor Aufregung, während ich rasch meine Notizen vervollständige, den Zettel in die Hosentasche schiebe und mich nach vorne lehne, um die Spielfläche besser zu sehen. Nur wenige in meiner Umgebung halten es noch auf ihren Sitzen aus, das ganze Stadion pulsiert vor Erwartung, als die letzten Minuten des Super Bowls anbrechen: Die Fans raufen sich die Haare, schwingen ihre Fahnen, ballen die Fäuste und feuern ihre Mannschaften an. Auf dem Rasen herrscht hektisches Treiben, an den Seitenlinien wird wild gestikuliert und die Lautstärke des Publikums erreicht einen ohrenbetäubenden Höhepunkt. *Puh, jetzt geht's ans Eingemachte!* Gebannt beobachte ich, wie jemand auf dem Feld nach dem Football greift, den Arm kraftvoll zurückzieht und ihn in einer perfekten Bogenlinie in die Luft schleudert. Ich sehe den Ball direkt auf mich zufliegen, reagiere blitzschnell und springe hoch. *Wie ist das möglich?* Instinktiv strecke ich die Arme aus, und mit einem satten Klatschen landet er tatsächlich in meinen Händen. Doch kaum schließen sich meine Finger um die raue Lederoberfläche, spüre ich einen heftigen Ruck und werde plötzlich fortgerissen.

Im Schmerz verbunden

Als ich zu mir komme, bin ich von völliger Schwärze umgeben und taste mich vorsichtig durch die Finsternis. Ich vermute, dass mir nur ein begrenzter Raum zur Verfügung steht, um mich zu bewegen. Es ist kühl, unter mir knistert eine Plane und über mir höre ich das leise Rascheln von Stoffbahnen. Während ich versuche, mich in der Dunkelheit zurechtzufinden, stoßen meine Hände plötzlich auf einen kalten, metallenen Gegenstand. Meine Fingerspitzen streifen über eine kleine Erhebung, die sich wie ein Schalter anfühlt. Ich betätige ihn, woraufhin ein helles Leuchten aus einer Taschenlampe hervorbricht und die Umrisse eines Zeltes enthüllt. Aufgeregt öffne ich mit einem Ruck den Reißverschluss meiner kompakten Unterkunft und recke den Kopf nach draußen. Alles, was ich sehe, ist in geheimnisvolles, blaues Dämmerlicht getaucht. Der Himmel ist noch von Sternen gesprenkelt, doch ihre Helligkeit verblasst allmählich vor dem herannahenden Tag. Eine bergige Landschaft erstreckt sich vor mir und ich atme erdige Luft ein. *Ist hier noch jemand?* Unvermittelt vernehme ich das Geräusch von klapperndem Geschirr und gedämpftem Murmeln in der Ferne und schlüpfe ins Freie. Sofort erkenne ich die Konturen weiterer Zelte, die sich in einem Radius von mehreren Metern um mich befinden. Ich bin froh, nicht allein hier zu sein, und mir wird klar, wohin es mich verschlagen hat. *Wahnsinn, ich stehe auf einem Vulkan auf Bali! Ein Hoch auf meine Bucket List!* Meine Augen verlieren sich in den Weiten, die sich vor mir ausbreiten, und die Schönheit der Natur überwältigt mich.

Hier, auf Gunung Batur, fühle ich mich frei und innerlich ruhig. Sofort denke ich an den Beginn meiner Reise am Uhuru Peak zurück, wo ich dieselbe Empfindung schon einmal verspürt habe.

Entspannt lasse ich die einzigartige Szenerie auf mich wirken, während sich der bläuliche Glanz des Nachthimmels in ein orange-goldenes Schimmern verwandelt. Im Licht der ersten Sonnenstrahlen beobachte ich, wie an einigen Stellen Rauch aus dem Berg emporsteigt und die anderen Campenden über den heißen vulkanischen Dämpfen ihr Frühstück zubereiten. *Puh, bin ich hungrig!* Mein Magen knurrt laut, ehe mir plötzlich die Umrisse einer Gestalt in meinem Augenwinkel auffallen. Überrascht drehe ich meinen Kopf zur Seite und stelle fest, dass eine Person direkt auf mich zukommt. *Will sie zu mir?* „Dort vorn ist der beste Platz, um sich zu erleichtern!“, erklärt sie im Vorbeigehen, als sie meinen irritierten Gesichtsausdruck bemerkt. Verwirrt verfolge ich ihre Schritte, die nur wenige Meter entfernt von mir stoppen. *Hilfe, pinkelt sie jetzt vor meinen Augen? Das stand definitiv nicht auf meiner Liste!* Beschämt kehre ich der Person den Rücken zu und fixiere den Boden. *Wo ist nur der Anstand der Leute geblieben?* Inmitten dieser Überlegung ertönt ein markerschütternder Schrei, bei dem ich mich vor Schreck fast selbst erleichtere. Mein Herz schlägt schnell und ich schnappe nach Luft. *Heftig! Was ist gerade passiert? Das war ja ein Dezibel-Donner!* Ich bin unschlüssig, was ich tun soll, und bleibe wie versteinert stehen. *Hat sie Schmerzen beim Wasserlassen? Meine letzte Blasenentzündung hat mich auch dahingerafft!* Aus Sorge, gleich mit einem entblößten Gesäß konfrontiert zu werden, zögere ich nach wie vor, mich umzudrehen. Meine Gedanken schlagen Purzelbäume und ich habe Mühe, mich zu sammeln. *Aber, nein! So brüllt man doch nicht bei einem Harnwegsinfekt. Oder vielleicht doch? Hm, komisch, dieser Schrei ist mir durch den ganzen Körper gefahren.* Mit zitternden Knien frage ich mich, ob ich weiter abwarten oder dem Dezibel-Dynamo meine Hilfe anbieten soll. Doch bevor ich entscheiden kann, wie ich weiter vorgehe, klopft er mir auf die Schulter und fragt keuchend: „Seit wann schreist du?“ „Hä? Aber ich schreie doch gar nicht“, antworte ich irritiert. „Ich meine, wie lange du innerlich schon schreist“, entgegnet er mitfühlend. „Ähm, also ...“, stammle ich. „Hm, hat auf jeden Fall echt gut getan, Druck abzulassen. Solltest du auch mal probieren!“, sagt er, geht an mir vorbei und verschwindet in einem der Zelte. *Wie bitte, was soll das denn heißen?* Ich bin so perplex, dass mir nur ein heiseres Krächzen über die Lippen kommt, als auf einmal ein sanftes Flüstern an meine Ohren dringt.

„Es ist erstaunlich, wie viele Wege es gibt, um Erleichterung zu finden“, höre ich die vertraute Stimme.

„Wie jetzt? Ist dort drüben tatsächlich alles trocken geblieben?“, frage ich irritiert.

„Ja, ich denke, diese Person hat ein anderes Bedürfnis gestillt.“

„Willst du damit sagen, sie hat nur einen stillen Ort gesucht, um ihren Schrei in die Berge zu rufen?“

„Auf mich hat es so gewirkt.“

„Aber warum hat sie das gemacht?“

„Ich denke, dafür könnte es verschiedene Gründe geben.“

„Hä? Ich bin komplett durcheinander. Das Ganze hat mich echt aus der Fassung gebracht. Mein Puls rast immer noch. Dieser Schrei …“

„… war wie ein Blitz aus heiterem Himmel, der die Ruhe zerschlagen hat und plötzlich alles anders erscheinen lässt.“

„Das war kein normaler Schrei.“

„Es wirkt, als hätte er etwas in dir ausgelöst – unerwartet und plötzlich.“

„Ja, irgendwie schon. Der Klang ist immer noch in meinem Kopf …, er hat mich tief erschüttert.“

„Da ist etwas in dir in Bewegung geraten.“

„Weißt du, es fühlt sich so an, als hätte ich das emotionale Beben von jemand anderem miterlebt und jetzt vibriert es noch in mir nach. Uff, meine Schultern sind ganz schwer.“

„Das macht etwas mit dir, und du fühlst es auch in deinem Körper.“

„Ja, es drückt in meiner Brust und sticht im Herzen. Mein Magen fühlt sich an, als ob Steine drin wären.“

„Was genau an diesem Schrei lässt dich nicht los?“

„Hm, ich glaube, da ist etwas Tiefes hochgekommen, das lange Zeit unter der Oberfläche war.“

„Wenn ich dich richtig verstehe, liegt ein Stück von etwas Verborgenem darunter."

Ich schließe die Augen und genieße die warmen Sonnenstrahlen auf meiner Haut. Während ich mich auf das Zwitschern der Vögel konzentriere, höre ich plötzlich ein lebhaftes Kinderlachen hinter mir, das mich sofort in meine eigene Kindheit zurückversetzt. Zu Hause durfte ich nie wütend sein, geschweige denn es zeigen. Bei meinen Eltern war Schreien tabu – außer, wenn sie es selbst taten. Wie oft habe ich seither innerlich geschrien, still und heimlich, und mir gewünscht, dass jemand erkennt, wie schlecht es mir geht.

„Was, denkst du, könnte sich da aus dem Verborgenen gezeigt haben? Versuch mal, in dich hineinzuspüren."

„Pfff, ich bin mir nicht ganz sicher ..., aber ich vermute, ich weiß, woher es kommt: Es fühlt sich an wie ein dunkler, leerer Raum. Alles um mich herum wirkt trostlos und einsam, als ob die Welt draußen nicht mehr existiert. Obwohl alles stillzustehen scheint, herrscht in mir drinnen ein wildes Chaos. Mehr kann ich im Moment nicht sagen – das ist alles, was ich gerade spüre."

„Ich stelle mir gerade vor, jemand irrt durch einen dichten, finsteren Wald. Kannst du etwas mit diesem Bild anfangen?"

„Ja, ehrlich gesagt, finde ich es ziemlich beängstigend, ähm, und auch echt beschissen!"

„Du klingst plötzlich richtig wütend."

„Ugh, der Wald ist grauenhaft, verlassen und kalt. Ich frage mich, ob die Person jemals einen Ausweg aus diesem verdammten Ort findet. Sie hat bestimmt nicht freiwillig entschieden, hier zu sein – jetzt sitzt sie fest."

„Sie sieht keine Möglichkeit, zu entkommen."

„Wie denn auch? Sie ist dort gefangen, ohne dass sie etwas dafür kann."

„Es fühlt sich an, als ob sie in eine Lage geraten ist, aus der es kein Vor und kein Zurück gibt."

„Völliger Kontrollverlust, ohne Perspektive, ohne Aussicht auf Veränderung."

„Wenn ich das für mich zusammenfasse, dann befindet sie sich in einer ‚Passiert-mir-Spirale'."

„Genau, und in dieser bescheuerten Spirale fühlt sie sich ohnmächtig, machtlos, ausgeliefert, verzweifelt, hilflos ..."

„Das sind Empfindungen, die dir vertraut sind."

„Mhm."

„Ich frage mich gerade, ob und wie die Person etwas in dieser ‚Passiert-mir-Spirale' bewegen könnte."

„Du denkst also, dass sie Einfluss darauf haben kann?"

„Ja, im Sinne von: Was könnte sie im Rahmen ihrer Möglichkeiten tun, um ihre Situation zu verändern?"

„Moment mal, lass mich kurz überlegen ... Ah, ich glaube, mit dem Schrei ist das Dickicht im Wald ein Stück weit aufgebrochen!“

„Das könnte bedeuten, dass vieles jetzt klarer und deutlicher wird.“

„Uff! Vielleicht ist es so tief vergraben, weil es echt weh tut! Jetzt verstehe ich, warum dieser Schrei von vorhin so stark auf mich wirkt – es ist der verdammte Schmerz darin! Er ist so schneidend, durchdringend und brennend. Und selbst wenn es nicht mein eigener Schmerz ist, fühle ich ihn trotzdem mit. Verstehst du, was ich meine?“

„Er ist wie ein stiller Gast, der vorübergehend in deinem Inneren Platz genommen hat.“

„Auch wenn der Schmerz nicht meiner ist, habe ich mich emotional stark mit dem Dezibel-Dynamo verbunden gefühlt.“

Ich merke, dass ich schwitze, und wische mir mit der Hand über die Stirn. Kurz werfe ich einen Blick über die Schulter, um zu sehen, ob der Dezibel-Dynamo wieder aus seinem Zelt gekommen ist, aber er ist nirgends zu entdecken. Sofort erinnere ich mich an den Moment, als er mir auf die Schulter klopfte und fragte, wie lange ich schon schreie. Zuerst wusste ich nicht, was er meinte, aber jetzt wird mir klar, dass er meine stummen Schreie wahrgenommen und mich wirklich gesehen hat.

„Wie zwei getrennte Instrumente, die dennoch im gleichen Orchester spielen. Sie existieren nebeneinander und lassen sich ungeachtet der unterschiedlichen Klangfarben von den Tönen des anderen berühren.“

„Damit fange ich etwas an. Aber ich kann mir kaum vorstellen, dass nur ich von diesen intensiven Gefühlen betroffen bin. Glaubst du, dass so ein unsichtbares Band auch zwischen vielen Menschen besteht?"

„Du überlegst, ob der Schmerz, der diesen Schrei verursacht hat, in uns allen nachklingt?"

„Ja, genau das würde ich gerne herausfinden."

„Darauf habe ich leider keine Antwort."

„Na toll, jetzt sind wir beide ahnungslos!"

„Mhm ..., wenn ich eine Antwort hätte, was würdest du gerne hören?"

„Dass du mir sagst, ich bin in meinem Schmerz nicht allein."

„Deinen Schmerz mit mir zu teilen, würde mir ermöglichen, ihn zu verstehen und zu fühlen."

„Pfff!"

„Du siehst plötzlich so traurig aus."

„Puh, ich muss kurz durchatmen."

„Das geht dir alles sehr nahe."

„Mir wird ... äh ... jetzt erst klar, dass ich mich genauso wie der Dezibel-Dynamo in diesem, äh, verkackten Wald verirrt und mich immer weiter darin verloren habe.“

„Du steckst fest.“

„P-Plötzlich überkommt mich eine ... eine starke Angst, die ... die mich richtig l-lähmt ..., aber, ähm, ich glaube, es ist w-wichtig, das auszusprechen. V-Vielleicht finde ich dadurch einen ... einen Weg aus diesem ... diesem Wald.“

„Ich würde ihn gerne mit dir gemeinsam finden.“

„Das wäre schön ..., aber ich muss dich warnen, es wird kein einfacher Weg. Mein Schmerz kann mich manchmal wirklich überwältigen.“

„Das fühlt sich unglaublich intensiv und erdrückend an. Ich spüre, wie sich alles in mir zusammenzieht.“

„Am schlimmsten ist es für mich, dass mein Schmerz zeitweise so groß ist, dass ich lieber sterben würde, als ihn noch ein einziges Mal zu erleben.“

„Du möchtest diesen Schmerz nicht mehr spüren. Das kann ich gut nachvollziehen. Was wäre anders, wenn du tot wärst?“

„Mein Kummer, meine Verzweiflung, meine unendliche Traurigkeit – all das würde endlich ein Ende haben.“

„Dieser Schmerz, der dich so zerreißt und den du schon so lange mit dir herumträgst, wäre dann vorbei.“

„Ja, und wahrscheinlich würde es ohnehin niemanden stören, wenn ich nicht mehr da wäre."

„Hattest du schon einmal einen konkreten Plan, dir das Leben zu nehmen, oder sind es bisher nur Gedanken gewesen?"

„Nein, äh, ich habe keine Absichten. Es ist eher so, dass ... diese Gedanken auftauchen, wenn ich keinen Ausweg mehr sehe und, ähm, so richtig am Boden bin. Der Wunsch, meinem Schmerz ein Ende zu setzen, ist stark, aber ... ich glaube nicht, dass ich es jemals wirklich tun würde. Mhm, die Idee, dass es diesen Notausgang für mich gibt, ähm, hilft mir irgendwie, weiterzumachen ... Oje, das klingt echt blöd, oder? Du musst denken, dass ich nicht ganz dicht bin."

„Das klingt überhaupt nicht blöd für mich. Diese Gedanken dürfen sein, und hier ist ein sicherer Ort, um sie zu teilen."

„Puh, ich bin echt erleichtert, bis jetzt habe ich noch mit niemandem darüber gesprochen. Es tut gut, das endlich loszuwerden."

„Es ist ein großer Schritt, diese Gedanken hier anzusprechen. Es zeigt, dass du nach einem Weg suchst, mit deinem Schmerz umzugehen. Du hast vorhin gesagt, dass es wahrscheinlich niemanden stören würde, wenn du nicht mehr da wärst. Warum glaubst du das?"

„Na ja, weil sich ohnehin niemand wirklich für mich interessiert, geschweige denn mich versteht. Sie sagen nur, ich soll mich nicht so anstellen, dass es mir im Vergleich zu anderen doch gut geht und meine Probleme eigentlich gar keine echten sind."

„Da wirst du überhaupt nicht ernst genommen."

„Mhm, eher nicht."

„Und nicht gesehen."

Mein Blick wandert umher, und ich beobachte Familien, die im Freien frühstücken, gemeinsam lachen und fröhlich Brettspiele spielen. Sie wirken so glücklich und unbeschwert. *Doch sind sie es wirklich?* Unweigerlich denke ich an meine eigene Familie und an die Fassade, die sie nach außen hin stets gewahrt hat. Hinter verschlossenen Türen sah die Realität jedoch häufig anders aus. *Aber sie wollten doch nur das Beste für mich!* Plötzlich erinnere ich mich an all die Momente, in denen sie betonten, dass ihre Worte, die mich oft verletzten, aus Liebe kämen und sie es nur gut mit mir meinten.

„Ähm, vielleicht liegt doch ein kleiner Funken Wahrheit in dem, was meine Eltern sagen, und sie haben recht damit, dass es mir zu gut geht, ich nur faul bin und mich nicht erwachsen verhalte."

„Was empfindest du, wenn du das über dich hörst?"

„Manchmal trifft es mich, aber meistens spüre ich einfach nichts mehr. Es geht zum einen Ohr rein und zum anderen wieder raus. Sollen sie doch reden, es ist mir egal – es geht ja um nichts."

„Puh, das finde ich echt hart und richtig daneben. Ich spüre, wie ich sowohl traurig als auch wütend werde, aber ich bin mir unsicher, ob diese Gefühle aus mir oder von dir kommen."

„Hä, warum macht es dich wütend?“

„Weil ich finde, dass ihr Verhalten dir gegenüber übergriffig und nicht in Ordnung ist.“

„Ach, ich bin es gewohnt, das auszuhalten. Ähm, ich bin da ziemlich abgehärtet – meistens jedenfalls. Wie schon gesagt, es geht um nichts.“

„Was genau meinst du mit diesem ‚Nichts‘, von dem du sprichst, wenn du sagst, es geht um nichts?“

„Ähm, ja, das ist eine gute Frage ... Ich versuche halt, alles, was sie sagen und was mich verletzen könnte, von mir abzuwehren und nicht so nah an mich heranzulassen, damit es mich nicht so stark trifft.“

„Das hört sich für mich so an, als ob es um etwas geht, das wirklich wichtig ist.“

Nachdenklich lasse ich mir die Worte meiner vertrauten Reisebegleitung noch einmal durch den Kopf gehen, während ich auf die umliegenden Gipfel blicke. Plötzlich überkommt mich eine tiefe Traurigkeit und die vertraute Leere, die ich nur zu gut kenne. *Was könnte sie nur mit diesem „wirklich wichtigen“ Etwas gemeint haben?* Ich atme tief durch, als die Erkenntnis mich wie ein Blitz trifft.

„Ähm, j-ja, wie konnte ich das n-nicht sehen ... Es geht die ganze Zeit um mich, und ich bin nicht nichts!“

„Es geht um dich, und du bist wertvoll. Du bist einzigartig und es gibt dich nur einmal auf dieser Welt.“

„Ich würde dir gerne glauben, wenn du das sagst, und es wäre schön, es auch wirklich zu spüren. Doch im Moment fühle ich mich unglücklich und finde keinen Sinn im Leben. Nichts scheint für mich von Bedeutung zu sein. Meine Arbeit ist frustrierend, ich habe keinen echten Freundeskreis, meine Beziehung läuft nicht gut, und meine Familie ist schwierig. So macht das Leben keinen Sinn."

„Gerade gibt es wirklich nichts, was dich aufrecht hält."

„Nein, und dann frage ich mich, warum ich überhaupt hier bin."

„Wozu du hier bist, wenn alles so bedeutungslos und leer scheint."

„Da ist nichts für mich. Verdammt, gib mir nur einen triftigen Grund zu leben!"

Ich halte inne und lausche, doch die vertraute Stimme bleibt aus. Allmählich werde ich nervös und beginne, mich unwohl zu fühlen.

„Jetzt sag doch was!"

„Entschuldige, ich wollte dich nicht warten lassen. Ich musste mir etwas länger über deine Frage klar werden. Hm ..., es fällt mir schwer, dir eine Antwort zu geben, weil es dafür momentan keine einfache Lösung gibt. Wenn ich dir einen Grund nennen würde, wäre es meiner, nicht deiner, und das bringt dich nicht weiter."

„Tsss, das nervt mich extrem!"

„Erinnerst du dich daran, wie wir besprochen haben, dass ich versuchen werde, dich nicht zu lenken und keine Führungsrolle zu übernehmen, weil du der Fachmensch für dein eigenes Leben bist?"

„Ja ..., weil niemand es so gut kennt wie ich selbst – das hast du mir damals gesagt, und das war das erste Mal seit Langem, dass ich mich nicht unfähig gefühlt habe. Aber jetzt habe ich schon wieder nichts im Griff!"

„Ich denke, dass wir beide akzeptieren müssen, wie es gerade ist, und ich bin bereit, das mit dir gemeinsam auszuhalten."

„Aaah, ich hasse mein Leben."

„Hältst du es für möglich, dein Leben so zu verändern, dass du wieder Gründe findest, die dir etwas bedeuten?"

„I-ich weiß es nicht ..., aber ich würde es so gern glauben ... E-entschuldigung ..., ich habe keinen Plan ..., was mit mir los ist und warum ich ... ähm ... weine. Obwohl ich dich nicht ... ähm ... sehe, bin ich froh, dass du ... du ... da bist. Ich fühle dich ganz nah bei mir."

„Für mich ist es etwas Besonderes, dich auf deiner abenteuerlichen Suche begleiten zu dürfen."

„Ich kann nicht aufhören zu weinen, wie unangenehm."

„Es ist alles gut, hier kannst du ganz du selbst sein."

„Es tröstet mich, dass du bei mir bist."

„Mich berührt es, diesen Moment mit dir gemeinsam zu erleben."

„G-glaubst du …, d-dass es … noch H-hoffnung für m-mich gibt?“

„Ja, das glaube ich.“

„Es fühlt sich an, als könnte ich nicht mehr hoffen, weil ich schon vor langer Zeit aufgegeben habe …“

„Mhm.“

„Und inzwischen habe ich vielleicht einfach Angst davor, zu leben … Ich glaube, ich habe vergessen, wie das geht.“

„Momentan ist alles wirklich beschissen, und du hast schon so viel durchgemacht, dass es sich jetzt so anfühlt, als würde es nie besser werden … Ich verstehe, dass es dir schwerfällt, dir ein Leben ohne diesen Schmerz vorzustellen.“

„Ich kann einfach nicht mehr hoffen, dass es irgendwann besser wird.“

„Dann lass mich für dich hoffen. Ich halte die Hoffnung so lange für dich aufrecht, bis du es selbst wieder kannst, und möglicherweise schenkt dir diese Reise neuen Lebensmut.“

„Das würdest du für mich tun?“

„Ja, lass mich deine stellvertretende Hoffnung sein.“

„Okay, das gibt mir Kraft … Ich bin sehr froh darüber, dass wir uns begegnet sind.“

„Ich auch.“

Mit zitternden Händen wische ich mir die Tränen aus dem Gesicht und nehme einen tiefen Atemzug, um mich wieder zu fangen. Allmählich beruhigt sich mein Herzschlag, und die Anspannung lässt langsam nach. Schließlich spüre ich, wie wieder etwas Ruhe in mir einkehrt.

„Mhm, mir geht's jetzt wieder besser. Weißt du, was ich gerade wirklich gerne machen würde?"

„Was denn?"

„Ich will auf der Stelle alles herausbrüllen! Ich habe mich schon oft gefragt, ob es einen Ort auf dieser Welt gibt, an dem ich das ungestört tun kann."

„Also, bist du jetzt bereit, dich zusammen zu erleichtern?", ertönt überraschend die Stimme des vermeintlich urinierenden Dezibel-Dynamos und reißt mich abrupt aus dem Gespräch.

„Äh ... ähm ... na, na ja ...", stottere ich verlegen.

„Vergiss nicht, deine Suche nach dir selbst ist keine einsame Reise", flüstert meine treue Begleitung, die mir tatsächlich zu den entlegensten Winkeln dieser Erde folgt.

„Na gut, nachdem die Hosen angezogen bleiben, bin ich dabei!", erwidere ich, ermutigt durch ihre Worte.

Und so marschieren wir Hand in Hand zu einer abgelegenen Ecke des Vulkans und blicken auf den in der Sonne glitzernden Batur-See. Wir nehmen einen tiefen Atemzug, füllen unsere Lungen mit der klaren

Luft und schreien in die unendliche Weite, bis unsere Stimmen schließlich versagen. „Das habe ich gebraucht!“, sage ich zum Dezibel-Dynamo und spüre, wie mir erneut die Tränen kommen. „Ich auch“, flüstert er, bevor wir einander für einige Minuten festhalten und gemeinsam weinen. Ich merke, dass in diesem Moment vieles aus mir hervorbricht, was jahrelang in mir vergraben war. *Puh, dieses Gefühl ..., wie sehr ich es vermisst habe.*

In mich gekehrt versuche ich, diesen Moment noch etwas länger festzuhalten, doch plötzlich bemerke ich, dass sich die Wolken schneller bewegen und eine kräftige Brise den feinen Staub und die Asche vom Boden aufwirbelt. *Was geht hier vor sich?* Sogleich durchbricht rhythmisches Summen die Stille, bevor sich ein sich drehender Trichter am Himmel bildet und mit hoher Geschwindigkeit auf mich zukommt. *Zeit abzuhauen!* Während der Dezibel-Dynamo das Schauspiel gebannt beobachtet und wie versteinert stehen bleibt, beginne ich, zurück zu den Zelten zu hasten, und überlege fieberhaft, wie ich der tornadoartigen Front entfliehen kann. *Okay, jetzt ist die Abenteuerreise offiziell!* Hektisch stürme ich durch die vulkanischen Dämpfe und wundere mich über die anderen Campenden, die nach wie vor seelenruhig frühstücken und gleichzeitig hypnotisiert auf den Strudel starren, der immer näher an uns heranrückt. *Mist!* Noch ehe ich über meine eigenen Füße stolpere, spüre ich, wie mich der Wind schlagartig nach oben zieht und mit sich reißt.

Das schwarze Loch

Die Luft um mich herum ist anders, sie fühlt sich warm und feucht an. Wie in einer Hängematte werde ich sanft hin und her gewogen, gelegentlich höre ich es zischen und knistern. *Schwebe ich?* Ich vermute, dass ich mich in der Höhe befinde, ohne zu wissen, wie hoch. Mein Herz beginnt schneller zu schlagen, meine Haut kribbelt und ich öffne die Augen. Taumelnd richte ich mich auf und lasse meinen Blick umherschweifen. Über mir ragt eine riesige ovale Hülle aus leuchtendem Stoff in den Himmel, und ich realisiere, dass ich in einem Heißluftballon stehe. *Ui, die Wolken sind zum Greifen nah! Wieder ein Ziel auf meiner Bucket List erreicht!* Meine Kleidung flattert im Wind, ich lehne mich über den Rand des Ballonkorbs und bestaune die fesselnde Aussicht: Unter mir erstreckt sich ein Muster aus Flüssen und Bächen, kleine Dörfer und Höfe gleichen Spielzeugmodellen. Die Welt wirkt winzig und friedlich. *Ha! Der ideale Zeitpunkt, um die Eindrücke vom Gunung Batur zu verewigen.* Geschwind ziehe ich meinen Notizzettel aus der Hosentasche und halte kurz inne. Ich erinnere mich an meinen erlösenden Schrei, sortiere meine Eindrücke und beginne zu schreiben. *Huch, ganz schön viel erlebt!*

Kaum habe ich den letzten Buchstaben auf das Blatt gesetzt, erregt ein undefinierbares Geräusch meine Aufmerksamkeit. Gespannt drehe ich mich um und stelle fest, dass ich dieses schwindelerregende Abenteuer mit einer weiteren Person teile. *Was macht sie da?* Unbeirrt wirft sie mit routinierten Handgriffen Säckchen aus dem Ballon, wodurch wir schnell an Höhe gewinnen. *Oha, ist sie noch ganz dicht? Sie kann doch nicht einfach Sachen hinausschleudern!* Ich mustere sie mit gerümpfter Nase und hoffe, dass ich nicht gleich selbst aus dem fliegenden Gefährt befördert werde, als sie unerwartet den Kopf hebt und wir uns direkt in die Augen starren. *Klasse, der einzige Weg hinaus führt nach unten!* Mein skeptischer Gesichtsausdruck bleibt ihr nicht verborgen, woraufhin sie mir ein gutmütiges Lächeln schenkt und schmunzelt: „Es ist befreiend, Ballast abzuwerfen!" Ich schnaufe erleichtert, während sich der Ballonmensch wieder seinen Päckchen zuwendet und ich fieberhaft eine Erklärung für sein Verhalten suche. „Was lässt du fallen, und warum?", frage ich schließlich, immer noch ratlos. „Ach, nur unnötiges Gewicht, das mich beschwert und hindert", erwidert er mit einer abwinkenden Geste. *Das ergibt ja gar keinen Sinn!* Ich lasse nicht locker und hake noch einmal nach: „Woran hindert es dich?" Stöhnend richtet sich der Ballonmensch auf, stemmt die Hände in die Seiten und streckt die Hüfte nach vorn. Mit sichtbarer Anstrengung schiebt er sein Becken nach links und rechts, rollt die Schultern und kreist seine Handgelenke. „In ungeahnte Sphären aufzusteigen", entgegnet er beiläufig und lockert seine Glieder, ehe er nach dem nächsten Päckchen greift. *Ich würde zu gern wissen, was da drin ist.*

Fast so, als könnte der Ballonmensch meine Gedanken lesen, streckt er mir unaufgefordert eine dunkelfarbige Kiste entgegen und sagt: „Die ist für dich." *Was, wirklich? Das ist aber nett.* Hastig greife ich danach und kann meine Aufregung kaum unterdrücken. *Uff, wieso kann ich sie kaum halten?* Ohne Vorwarnung lastet von einer Sekunde auf die andere ein riesiges Gewicht auf mir, wie eine tonnenschwere Bürde, die ich mir nicht erklären kann. Es fühlt sich an, als würde ich ein Stück meiner Seele in den Händen tragen, und ich umfasse die Kiste noch fester. *Nur nicht fallen lassen!* Der Ballonmensch bemerkt, dass sie mir fast entgleitet, und stabilisiert sie auf der anderen Seite. So kann ich vorsichtig einen Arm aus der Umklammerung befreien und den Deckel anheben. Mit angehaltenem Atem spähe ich hinein, sehe den Inhalt und erstarre: Sie ist leer, kein einziges Staubkorn ist darin. Ich bin erstaunt über die Fülle, die die leere Box vermittelt, und versuche, den Grund dafür zu verstehen. „Weißt du nun, wovon ich mich lösen will?“, erreicht mich die mitfühlende Stimme des Ballonmenschen in meiner Verwirrung. Den Kopf schüttelnd, stelle ich die Kiste ab und setze mich keuchend daneben.

Was ... was passiert mit mir? Schlagartig überkommt mich eine heftige Angst, Übelkeit steigt auf und ich fange an, stark zu schwitzen. Das beklemmende Gefühl wird unerträglich und ich schnappe nach Luft. Mein Puls rast, mein Sichtfeld verengt sich, mir wird schwindelig und ich befürchte, bewusstlos zu werden. Schützend ziehe ich meine zitternden Knie an die Brust, halte sie fest und verberge mein Gesicht zwischen den Beinen. Ich schrumpfe förmlich in mich zusammen, drohe, jeglichen Bezugspunkt zu meiner Umgebung zu verlieren. *Hilfe, ich kriege keine Luft, ich ersticke!* Hastig löse ich die Umklammerung, stütze die Hände hinter mir auf dem Boden ab und ziehe die Schultern zurück. Während ich versuche, tief und ruhig zu atmen, und mir wiederholt ins Gedächtnis rufe, dass mein Herz noch schlägt und ich am Leben bin, beginnt die Welt immer surrealer zu wirken. Alles scheint plötzlich merkwürdig weit entfernt und ich fühle mich, als wäre ich von mir selbst abgetrennt. *Nein, nein, nein!* Panisch kralle ich mich am Ballonkorb fest, aber ich beginne zu fallen – tiefer und tiefer, bis ich mich in weniger als einem Wimpernschlag in einem schwarzen Loch wiederfinde. *Wie ... wie bin ich nur hierhergekommen?* Abermals stolpere ich durch eine Leere, die kein Maß hat, ohne Anfang und Ende. Ich sehne mich verzweifelt nach etwas, das mich auffängt, doch anstatt Halt zu finden, drohe ich noch weiter in ein grenzenloses Nichts zu fallen. *Hilfe, bitte nicht!* Von einem unsichtbaren Gewicht zu Boden gedrückt, bleibe ich zusammengekauert liegen und rutsche unaufhaltsam in diesen bodenlosen Abgrund, wo nichts mehr von Bedeutung ist. Ich fühle mich ausgeliefert, hilflos und unfähig, etwas dagegen zu tun – als hätte ein innerer Stillstand eingesetzt, bei dem nichts mehr zählt und ich nur noch passiv existiere. Wie versteinert liege ich da, meinen Blick ins Leere gerichtet, bis sich unerwartet eine Barriere zwischen mich und meinen inneren Abgrund schiebt: Fast so, als könnte der Ballonmensch die gesamte Bandbreite meiner bedrohlichen Emotionen verstehen, unterbricht er meinen ungebremsten Sturz, indem er sich behutsam über mich beugt und mich umarmt. *Ich bin nicht allein.* Tröstend schlingt er seine Arme fester um mich, und bevor ich mich völlig in mir selbst verliere, richte ich mich auf und klammere mich mit letzter Kraft an ihn. Unsicher, was gerade passiert, sehe ich kurz zu ihm auf und begegne seinem warmen Blick. „Das ist die drückende Last deines Gepäcks", flüstert er und streicht über meinen Rücken.

Erschöpft bemerke ich, dass Tränen über meine Wangen laufen, und der Ballonmensch zieht mich näher an sich heran. „Ich bin hier bei dir. Fühl den Boden unter dir und lass uns gemeinsam langsam und ruhig atmen", sagt er mit sanfter Stimme. *Er ist da.* In seinen Armen durchströmt mich unvermittelt eine behagliche Wärme, und für einige Atemzüge fühle ich mich beschützt, gehalten, verstanden und aufgefangen. *Er sieht mich.* Durch seine vorbehaltlose Zuneigung erfahre ich Geborgenheit in meinem So-Sein, denn der Ballonmensch scheint mich in meiner Gesamtheit, in meinem Person-Sein, anzunehmen. In dieser intensiven Verbundenheit erkenne ich, dass es für ihn keinen Unterschied macht, ob wir Minuten oder Stunden so verweilen. Er ist da und er bleibt hier, ganz nah bei mir. *Hier ist Platz für mich. Das erlebe ich zum ersten Mal.* Völlig versunken in diesen Moment registriere ich, wie sich behutsam, beinahe schleichend, etwas in mir aufhellt. Ein Gefühl von Gelassenheit breitet sich in mir aus, während die aufgestaute Spannung meinen Körper verlässt. Ich lehne meinen Kopf an die Schulter des Ballonmenschen und frage mich, wie es wäre, durch seine Augen einen Blick auf mich zu werfen. *Würde ich mich dann selbst mehr lieben können?* Langsam löse ich mich aus seiner Umarmung, als ein erleichtertes Seufzen aus der Ferne zu mir herüberweht.

„Ich habe das Gefühl, mich tragen Wolken!", rufe ich meiner geschätzten Reisebegleitung zu.

„Als würdest du schweben", trägt der nächste Windstoß die Worte der körperlosen Stimme zu mir herüber.

„Ja, ich fühle mich eigenartig beflügelt, fast schwerelos."

„So, als hättest du etwas abgeworfen?"

„Mhm, die ganze Anspannung und Schwere ist weg. Jetzt bin ich einfach nur erleichtert ... Der Ballonmensch und seine liebevolle Umarmung ..., es war so schön."

„Du musstest das nicht allein durchstehen."

„Zum ersten Mal in meinem Leben war da wirklich jemand. Weißt du, was ich meine? Ach, es fühlt sich irgendwie seltsam an, das laut zu sagen."

„Ich höre, dass es für dich etwas ganz Neues und Wichtiges ist, jemanden wirklich an deiner Seite zu haben. Dass es sich komisch anfühlt, darüber zu sprechen, zeigt vielleicht, wie ungewohnt und besonders diese Erfahrung für dich ist."

„Ganz ehrlich, ich hätte das schon viel früher gebraucht. Dann wäre vielleicht alles anders gelaufen, und es wäre wohl gar nicht so weit gekommen."

„Diese Erfahrung hätte schon damals viel für dich verändert. Ich frage mich, was heute anders wäre, wenn du sie früher gemacht hättest?"

„Mhm, vielleicht würde ich mich dann nicht so allein fühlen. Schon so lange habe ich das Gefühl, fehl am Platz zu sein, als ob diese Welt nicht für mich gemacht ist. Womöglich wäre mir auch mehr wichtig in meinem Leben, und nicht ständig alles egal. Oft bin ich gleichgültig. Und wahrscheinlich hätte ich auch keine Angst, mich zu zeigen, müsste mich nicht dauernd verstellen, nur aus Sorge, irgendwann allein in irgendeiner Ecke zu landen. Weißt du, wie oft ich mich selbst verachte und an mir zweifle? Du kannst dir gar nicht vorstellen, wie häufig ich mich frage: ‚Warum kann ich nicht normal sein? Warum kriege ich es nicht hin?' Manchmal denke ich, ich bin nur eine Last, völlig nutzlos, als ob ich niemand wäre. Keiner versteht mich und ich kann's ihnen nicht mal übel nehmen."

„Ich stelle mir gerade vor, wie schwierig es sein muss, dieses Gefühl zu haben, nirgendwo dazuzugehören und dabei so allein zu sein."

„Ich will … ich will, dass es aufhört! Ich brauche endlich Ruhe in meinem Kopf. Manchmal habe ich echt das Gefühl, dass ich verrückt werde. Als mir vorhin klar wurde, dass ich in einem Heißluftballon bin, und ich mich umgesehen habe, fühlte ich mich so leicht und frei. Aber als ich dann

diese Schachtel öffnete, wurde alles plötzlich schwer, bedrückend und richtig beängstigend – als ob ich gefesselt und unbeweglich wäre."

„Zuerst wie von allem losgelöst und dann schlagartig wie erstarrt. Ich spüre deine Gelähmtheit auch in mir."

„Es sind immer diese krassen Extreme – zuerst vollkommen euphorisch, kurz danach am Boden zerstört. Mal gelassen, plötzlich panisch. Entweder völlig antriebslos oder übertrieben motiviert. Erst komplett überreizt, und im nächsten Moment schlagartig taub und abgeschnitten. Manchmal total fokussiert, dann wieder zerstreut und verloren ..., überwältigt von allem und mit einem Mal emotional leer. Wird sich das jemals ändern?"

„Ich denke, du wirst besser damit umgehen lernen."

„Ahhh, ich halte das nicht mehr aus! Diese permanente innere Unruhe und das ewige Hin und Her machen mich fertig. Es ist erschöpfend und unglaublich anstrengend. Ich kann nicht mehr!"

„Puh, ich sehe, wie schwer es für dich ist, mit diesen Extremen zu leben. Es muss unglaublich belastend sein, das alles auszuhalten."

„Verdammt, das ist echt so mühsam! Muss immer alles so kompliziert sein? Warum kann es nicht einfach mal leicht gehen? Es kommt mir so vor, als ob bei allen anderen alles glattläuft, nur bei mir nicht. Das fuckt mich so ab, könnte ich bitte mit jemandem das Leben tauschen?"

„Als wäre es zu viel verlangt, dass du auch mal unbeschwert durchs Leben gehen kannst."

„Ja, manchmal denke ich, ich brauche echt einen Reset-Knopf, damit ich alles noch mal von vorn anfangen und anders machen kann. Grrr, aber wer fragt mich schon, was ich will ... Boah, das kotzt mich richtig an!"

„Ich kann verstehen, dass dich das total frustriert. Ich frage mich gerade, ob du diesen Reset-Knopf wirklich brauchst, oder ob du auch jetzt schon damit anfangen könntest, etwas zu verändern?"

„Keine Ahnung, ob ich das schaffe. Ich fühle mich schon so festgefahren in meinem Leben. Pfff, ich kann mich nicht mal erinnern, wann bei mir zuletzt alles rund gelaufen ist."

„Mit ‚rund' meinst du, dass dieses ständige Auf und Ab, die innere Unruhe, das Chaos in deinem Kopf, die Unzufriedenheit mit deinem Leben und dein damit verbundener Leidensdruck aufhören?"

„Ja, wenn ich nicht ich wäre, wäre alles leichter. Du kannst dir nicht vorstellen, was in meinem Kopf los ist. Da sind tausend Gedanken, die mich nicht loslassen. Ich springe von einem zum nächsten, verliere mich total, und am Ende des Tages bin ich komplett erschöpft. Und als ob das nicht reicht, kommen noch diese widersprüchlichen Gefühle dazu, die mich regelmäßig an meine Grenzen bringen. Ich bin oft innerlich zerrissen und verstehe mich selbst nicht mehr. Ach, ich ... ich bin doch einfach nur gestört! Mir ... mir ist echt nicht mehr zu helfen."

„Du kämpfst ständig gegen diesen unermüdlichen Strom von Gedanken und Gefühlen. Und dann sind da noch diese vielen inneren Widersprüche. Sie scheinen dir kaum eine Pause zu lassen. Woher kommt dieses Gefühl, dass dir nicht mehr zu helfen ist?"

„Na ja, äh, schau mal, wie ich bin. Du ... du kennst mich jetzt schon ein bisschen, und ... ähm ... du kannst mir nicht ernsthaft sagen, dass ich nicht ... irgendwie gestört bin ... Das ist doch offensichtlich!"

„Für wen ist es offensichtlich?"

„Äh ..., für die anderen ..., meine Familie, meinen Freundeskreis ..."

„Für mich bist du nicht gestört."

„Ja, aber das kann nicht stimmen. Das sagst du sicher nur so."

„Ich denke, das ist nur eine Zuschreibung von anderen, nicht mehr."

„Mhm, äh, aber das ... das würde dann heißen, dass ich ... ähm ... eigentlich nicht gestört bin?"

„Es geht für mich nicht darum, ob du gestört bist – das bist du nicht –, sondern darum, in welchen Situationen du bestimmte Verhaltensweisen zeigst."

„Wenn du das so sagst ..., das macht einen großen Unterschied für mich."

Ich rutsche etwas hin und her, bis ich bequem im Schneidersitz sitze. In mich gekehrt, starre ich auf den Stapel Päckchen vor mir. *Möglicherweise hat die Stimme recht, und ich bin wirklich nicht gestört. Vielleicht habe ich mich bisher nur durch die Augen anderer gesehen und deshalb so empfunden?* Doch jetzt sind da neue Augen – offene und liebevolle –, die mich anders wahrnehmen, in denen all meine Gedanken und Gefühle Raum haben und Widersprüche sein dürfen.

„Ich merke gerade, dass mich von vorhin noch etwas beschäftigt. Ich komme von einem Gedanken nicht ganz los: Wenn ich nicht ich wäre, wäre alles leichter – dieses Chaos im Kopf, die vielen Gedanken, meine inneren Widersprüche. Mhm, und plötzlich erinnere ich mich an meine verrückte Begegnung mit dem Dezibel-Dynamo auf Gunung Batur. Auch das war ein völliges Durcheinander – widersprüchliche Gedanken und Gefühle, und ich mittendrin, total überfordert."

„Er scheint einen bleibenden Eindruck bei dir hinterlassen zu haben."

„Oh ja, und was für einen! Mit ihm zusammen aus vollem Hals zu schreien und dabei Schmerz und Erleichterung zu spüren, hat sich wirklich eingebrannt."

„Ganz unmittelbar, in ihrer Gleichzeitigkeit."

„Da oben ging beides. Schmerz und Erleichterung haben sich inmitten der Vulkandämpfe quasi die Hand gereicht."

„Da haben sich bei dir zwei Gefühle gleichzeitig gezeigt, auch wenn sie erst mal widersprüchlich wirken."

„Mhm, wenn ich so darüber nachdenke, finde ich es im Nachhinein spannend, dass sie sich beim Schreien gar nicht mehr widersprüchlich angefühlt haben."

„Vielleicht gibt es in diesem Fall kein Entweder-oder."

„Du meinst, beides ist möglich."

„Ja, und für mich gibt es dazwischen und darunter ganz viel: Und."

„Also, wenn ich dich richtig verstehe, geht's nicht nur um Schwarz oder Weiß, sondern auch um all die Grautöne dazwischen – oder vielleicht sogar um ein ganzes Spektrum an Farben."

„Bis hin zu einem Regenbogen! Lebendig und bunt."

„Auf einmal kann ich das, was ich auf Gunung Batur erlebt habe, viel besser einordnen! Jetzt weiß ich, warum sich das gemeinsame Schreien mit dem Dezibel-Dynamo so echt und nach mir selbst angefühlt hat."

„Möchtest du mit mir teilen, was dir bewusst geworden ist?"

„Ich habe meine Gefühle zugelassen, ohne groß darüber nachzudenken, und dadurch war ich irgendwie mehr ich selbst."

„Du konntest sie nebeneinanderstehen lassen. Da ist eine Veränderung in dir geschehen."

„Ja, da passiert gerade etwas. Auf dieser Ballonfahrt merke ich, wie sich der Nebel um mich herum ein wenig auflöst und mein Inneres sich zu ordnen beginnt."

„Du wirst innerlich klarer. Diese Klarheit lässt dich besser sehen."

„Hmm ..., ich bin viel mehr bei mir."

„Vielleicht ist es diese aufklarende Sicht nach innen, die dich anders spüren lässt."

„Schon eigenartig …, auf dieser Reise erlebe ich ein ständiges Auf und Ab der Gefühle. Eben war noch alles dunkel und beängstigend, und dann plötzlich macht es Klick, und alles wird klarer. Wie schnell sich alles ändern kann."

„Ich höre dich so etwas sagen wie: von Augenblick zu Augenblick im Erleben sein und im Hier und Jetzt spüren."

„Ich wünschte, ich könnte kontrollieren, was da in mir hochkommt. Vorhin hätte es mich fast wieder in dieses bodenlose Nichts gerissen. Die Emotionen haben mich völlig überwältigt."

„Ich versuche gerade, mir dieses Nichts, von dem du sprichst, vorzustellen."

„Für mich ist das ein gnadenloser, undurchdringlicher Ort, der auf Einsamkeit aufgebaut ist. Da gibt's weder Sicherheit noch Halt."

„Ein kalter, wenig einladender Platz."

„U-und das Schlimmste ist …, es, es fühlt sich an, als würde ich da regelrecht v-v-verschluckt werden. Ich … ich will da nie wieder hin!"

„Du hast große Angst, wieder in diese Leere abzurutschen."

„Ja, und mich in diesem endlosen Raum ein Stück weit selbst zu verlieren. Weißt du, manchmal erschrecke ich mich richtig, als wäre ich kurz bewusstlos gewesen, und dann bin ich plötzlich wieder da. Es fühlt sich an, als würde ich durch einen Nebel gehen, alles zieht an mir vorbei und ich bin total verwirrt."

„Hmm, eine Art In-sich-selbst-verloren-gehen, wie ein Irrgarten deiner inneren Welt, aus dem es kein Entkommen gibt."

„Und wenn ich einmal in diesem grauenhaften Labyrinth gefangen bin, bleibt mir oft nichts anderes übrig, als meine Gefühle abzudrehen."

„Eine Art Gefühlsanästhesie. Dann ist alles taub und starr, wie eingefroren."

„Absolut unbeweglich, als ob ich in einem der Gänge dieses verschlungenen Wirrwarrs regungslos feststecke. Ich weiß, dass es die Welt hinter den Mauern noch gibt, fühle mich aber gleichzeitig von ihr entkoppelt – als wäre ich in einer paradoxen Realität gefangen, in einem Niemandsland der Existenz und Nichtexistenz."

„Wie an zwei verschiedenen Orten zur gleichen Zeit."

„Allerdings, und ich stelle mir die Frage, gibt es mich in dieser Zwischenwelt eigentlich noch?"

„In solchen Momenten bist du dir selbst ganz fremd."

„Puh, das bringt mich echt zum Nachdenken ..., da kommt etwas in mir hoch."

„Was ist es, das dich berührt?"

„Ich kenne das Gefühl nur zu gut, ähm, das Gefühl, mich von mir selbst zu entfernen. Oh weh, ich weiß genau, wie es ist, sich von sich selbst entfremdet zu fühlen."

„Mhm, ganz weit weg von dir selbst zu sein ..., wie erlebst du das?“

„Ich muss kurz überlegen.“

Mit einem leisen Seufzen schließe ich die Augen und versuche, das Gefühl hervorzurufen, wie es ist, wenn ich überhaupt nicht mehr bei mir selbst bin – wie abgeschnitten, völlig verloren, leer und hilflos.

„In diesem Zustand scheint nichts mehr Sinn zu ergeben. Ich verschwinde allmählich und habe Angst, dass am Ende gar nichts mehr von mir übrig bleibt ... Wie soll ich sagen ..., eine Art Auflösen, in dem alles an Bedeutung verliert ..., obwohl ich doch gar nicht zerbröseln, sondern lieber als Ganzes bestehen will!“

„Das, was bei mir ankommt, ist: Ich sehne mich danach, mich wieder mit mir selbst zu verbinden, aber ich habe das Gefühl, dass ich verloren gegangen bin, irgendwo auf meinem eigenen Weg.“

„So fühlt es sich in etwa an. Warte, ich schreibe das kurz auf.“

Schnell ziehe ich den Zettel aus meiner Hosentasche und halte die Gedanken fest. Während ich sie notiere, wird meine innere Welt ein bisschen klarer und ich empfinde eine wachsende Erleichterung.

„Du triffst genau den Punkt, den ich nicht ganz greifen konnte – es hilft mir, mich selbst besser zu verstehen.“

„Es bedeutet mir viel, deine Entwicklung auf dieser Reise mitzuverfolgen.“

„Was für ein Abenteuer, das wir zusammen erleben! Ich hätte nie gedacht, dass ich aus meinem grauen Alltag ausbrechen und hier landen würde. Durch all unsere Gespräche und die vielen Begegnungen auf meiner bisherigen Reise fühle ich mich jetzt mehr verbunden als je zuvor. Das ist wirklich schön.“

„In-Beziehung-sein verändert. Ich kann mir gut vorstellen, dass du durch diese Verbindung zu anderen wieder eine Brücke zu dir selbst baust.“

„Ich glaube, der Ballonmensch hat mir ein wenig dabei geholfen.“

„Also, bist du jetzt bereit, gemeinsam Ballast abzuwerfen?“, schaltet sich ebendieser ein und unterbricht die Unterhaltung mit der gestaltlosen Stimme.

„Äh, nun ja ..., meine Schachtel loszuwerden?“, murmle ich zögerlich und beobachte, wie er sich eines weiteren Päckchens entledigt.

Dem Ballonmenschen stehen Schweißperlen auf der Stirn, offenbar hat er unermüdlich Pakete nach unten geschleudert. *Pfff, woher nimmt er bloß diese Energie?* Ich sehe mich um und bin verblüfft: Die Anzahl der Pakete ist nicht geschrumpft, sondern auf wundersame Weise gewachsen. *Ich mach's einfach genauso wie er!* Mit einem entschlossenen Ruck richte ich mich aus meinem Schneidersitz auf, greife nach meiner schweren, leeren Kiste, die noch immer neben mir liegt, hebe sie schwungvoll hoch und gehe zum Rand des Ballonkorbs. *Weg damit!* Mit pochendem Herzen strecke ich meine Arme aus, meine Finger umklammern die Box und graben sich in das raue Material. *Soll ich wirklich?* Verunsichert blinzle ich zum Ballonmenschen hinüber, der mich mit einem Nicken ermutigt, das Behältnis loszuwerden. Doch kaum habe ich meinen festen Griff ein wenig gelockert, überkommt mich plötzlich das starke Gefühl, etwas Falsches zu tun. *Halt, ich kann es doch nicht einfach wegwerfen!* Mein Atem stockt und ein kalter Schauer läuft mir über den Rücken – es ist, als ob ich noch immer ein Stück meiner Seele in den Händen halte. *Verflixt nochmal, warum kann ich nicht loslassen?* Ein weiteres Mal fixiere ich den Ballonmenschen und sehe, wie seine Päckchen eins nach dem anderen nach unten sausen. *Bin ich wirklich bereit, diesen Teil von mir herzugeben?* „Nein!", brülle ich, ziehe reflexartig die Arme zurück und drücke die Box energisch an meine Brust. *Ich kann mich nicht lösen!* „Du bist noch nicht bereit, genau hinzusehen", antwortet der Ballonmensch auf mein heftiges Kopfschütteln. „Kein Wunder, meine Kiste ist leer!", entgegne ich frustriert. „Ich bin mir sicher, dafür gibt es einen guten Grund", wirft er ein und klopft mir aufmunternd auf den Rücken. „Mhm, sind deine Boxen auch leer oder siehst du etwas?", frage ich und lasse mich, die Kiste noch immer fest umschlossen, auf einige gestapelte Pakete plumpsen. *Oje, was ist jetzt los?*

Im nächsten Augenblick bemerke ich, wie die Schultern des Ballonmenschen nach unten sacken und er plötzlich nachdenklich wird. Eine Weile beobachtet er schweigend die Wolken, dann gesteht er leise: „Nein, ich will nichts sehen." *W-wie bitte? Verdammt, das nimmt mich richtig mit.* Seine Worte gehen mir so unter die Haut, dass es mir einen Stich in die Magengrube versetzt, und instinktiv mache ich einen Schritt auf ihn zu. *Jetzt verstehe ich, warum er seine Päckchen hinauswirft. Ist das auch der Grund, warum sie nicht weniger werden?* Tief betroffen stelle ich mich neben ihn, während ich seinen Schmerz mit ihm fühlen kann, und flüstere: „Vielleicht brauchen wir einfach noch etwas Zeit, bis wir wirklich bereit sind? Bis dahin wirfst du deine Päckchen weiter aus dem Ballon und ich werde meine Kiste wiederfinden, wenn der richtige Moment gekommen ist.“ Und ganz unmittelbar, wie durch Magie, gleicht die dunkelfarbige Kiste in meinen Händen nicht länger einer tonnenschweren Bürde. Ich weiß, dass ich die richtige Entscheidung getroffen habe, und seufze erleichtert.

Sorgsam platziere ich sie sogleich in einer Ecke des Korbs und streiche behutsam über den Deckel. *Oha, was schwebt da?* Als ich mich wieder aufrichte, fällt mein Blick auf einen roten Farbklecks, der ein paar Meter entfernt neben dem Ballon gleitet. „Da hat wohl jemand einen Flugdrachen verloren!“, ruft der Ballonmensch aus, und ich spüre, wie sich ein Teil seiner Anspannung löst. Geschwind klettere ich auf den Haufen von Päckchen, der sich inzwischen wieder bis zu meinen Knien aufgetürmt hat, um genauer zu sehen, was da mit uns um die Wette flattert. Doch kaum habe ich den höchsten Punkt des Stapels erreicht, geraten die Pakete ins Wanken und ich verliere das Gleichgewicht. *Hilfe!* Ich kippe nach vorne und hänge plötzlich kopfüber aus dem Korb. *Na toll, jetzt befördere ich mich selbst hinaus!* Mit ausgebreiteten Armen beginne ich, nach unten zu stürzen.

Die Notwendigkeit, zu gefallen

Frischer Wind weht durch mein Haar, während der Boden unter meinen Füßen leicht zittert und eine sanfte Schaukelbewegung meinen Körper umspielt. Die Luft schmeckt nach der Weite des Ozeans, ich höre ein lautes, kraftvolles Rauschen und dichtes Stimmengewirr. Der spontane Absturz steckt mir noch in den Knochen und ich atme hektisch. *Was für eine Bruchlandung*! Mit pochendem Herzen öffne ich die Augen und merke, dass ich auf dem Meer treibe. Salzige Tropfen spritzen mir ins Gesicht und Wellen schlagen hart gegen das Boot, in dem ich sitze. Noch etwas orientierungslos nach dem fliegenden Ortswechsel beobachte ich mehrere Personen, die entlang der Bordwand lehnen und mit ausgestreckten Armen in dieselbe Richtung zeigen. Einige zücken hastig ihre Mobiltelefone und starten die Kameras. Flott wandert mein Blick über das schillernde Wasser, bis ich in der Ferne undeutliche, dunkle Silhouetten erkenne. Ich trete näher zur Reling und kann mein Glück kaum fassen: Vor mir schwimmt eine Gruppe von Walhaien – ein weiterer Wunsch auf meiner Bucket List wird gerade Wirklichkeit. *Wow, dass ich dieses atemberaubende Schauspiel erleben darf!* Dankbar für die einzigartige Erfahrung beobachte ich, wie die imposanten Geschöpfe in anmutigen Bahnen durch den Ozean gleiten. Ihre ruhige Erhabenheit beeindruckt mich und ich beuge mich weit nach vorn, um sie besser sehen zu können.

Plötzlich durchzuckt mich ein stechender Schmerz – ein Ellbogen bohrt sich in meine Rippen. *Au, das tut richtig weh!* Gerade als ich laut aufstöhne, pöbelt mich jemand von der Seite an: „Hey, du Vollpfosten! Kannst du nicht aufpassen? Deinetwegen ist mein Video verwackelt!" Fassungslos starre ich in das verzerrte Gesicht der stänkernden Person, die ich im Stillen als Wutbrocken bezeichne – und bleibe regungslos. *Habe ich etwas falsch gemacht?* Noch bevor ich begreife, was passiert, geht sein Redeschwall weiter: „Unglaublich, so was! Da will ich einen erholsamen Urlaub genießen und zack, werde ich in ein Boot mit einer Horde anderer Reisender gepfercht ... und dann stehen die auch noch im Weg! Eine Frechheit! Auf solche unnötigen Leute kann ich gut verzichten!" *Ist der irre? Was für ein Arschloch!* Mir bleibt der Mund offenstehen und meine Gedanken überschlagen sich. Obwohl ich etwas sagen möchte, bringe ich kein Wort heraus. Zu allem Überfluss fuchtelt der Wutbrocken jetzt auch noch wild mit dem Zeigefinger vor meiner Nase, ehe er sich abrupt abwendet und zornig davonstapft. *Deinen bescheuerten Standpunkt hast du mehr als klargemacht, du Honk!* Ich fühle mich wie im falschen Film, gehe die Situation noch einmal im Kopf durch und stelle empört fest, dass der Zusammenstoß definitiv nicht meine Schuld war. Der Wutbrocken hat mich angerempelt, nicht umgekehrt, und er hätte besser aufpassen müssen. *Ich könnte ausrasten, das ist so ungerecht!* Eine explosive Energie steigt in mir auf, mein Blut beginnt zu kochen, und ich balle wütend die Fäuste. *Boah, ich hasse Menschen! Und ihn ganz besonders – am liebsten würde ich ihm eine scheuern!* Seine Dreistigkeit ärgert mich, aber noch mehr ärgere ich mich über mich selbst, weil ich in der Hitze des Gefechts meine Gefühle nicht klar äußern und für mich selbst kämpfen konnte. *Was bin ich bloß für ein erbärmlicher Feigling!*

„Huch, deine Reise hält dich ganz schön auf Trab!", stellt eine mir inzwischen sehr bekannte Stimme fest.

„Und wie!", murmle ich entmutigt.

„Sie ist voller unerwarteter Begegnungen."

„Auf die letzte hätte ich gerne verzichtet!"

„Du wirkst plötzlich ziemlich angespannt auf mich. Das macht etwas mit dir."

„Oh ja, es macht mich rasend! Ich bin so sauer, dass ich am liebsten schreien würde."

„Ich kann gut verstehen, dass du wütend bist."

„Autsch, meine Rippen tun immer noch weh! Und was bildet sich dieser unverschämte Wutbrocken überhaupt ein, so mit mir zu reden?"

„Damit hast du wirklich nicht gerechnet."

„Nein, natürlich nicht! Es nervt mich total, dass mich das so fertig macht."

„Ich habe den Eindruck, dass er etwas in dir berührt hat."

„Pfff, wenn ich's mir recht überlege, ist das Ganze echt lächerlich. Eigentlich sollte mir das gar nicht so nahegehen. Ich kenne ihn ja nicht einmal. Auf den pfeif' ich!"

„Er ist dir fremd und bedeutet dir nichts, dennoch hat er etwas in dir ausgelöst.“

„Ach, das ist Vergangenheit! Ich habe echt Besseres zu tun, als mich weiter über ihn zu ärgern.“

„Das ergibt jetzt keinen Sinn mehr für dich.“

„Genau, der interessiert mich nicht ... Ich hasse Leute, die sich so danebenbenehmen. Aber, äh, verdammt, ich mache mir schon wieder selbst etwas vor, äh, ich kenne mich und weiß, dass mich dieser Vorfall auch noch Stunden später beschäftigen wird.“

„Ich höre, dass du sagst, er ist dir egal, dennoch lässt dich sein Verhalten nicht ganz los.“

„Klar, es war nicht in Ordnung, wie er mit mir umgegangen ist.“

„Du weißt, es sollte dir egal sein, aber tief in dir ist es das nicht.“

„Ach, ich habe das Gefühl, dass ich mir selbst ständig widerspreche ... Ich kapiere nicht, warum ich bei unangenehmen Situationen, wie eben, so sprachlos bin und nichts herausbringe – das ist mir nicht egal. Ich hätte ihm lieber direkt die Meinung gesagt, anstatt hinterher über ihn zu lästern, und ich schäme mich, weil ich so feige war.“

„Da ist diese laute Stimme in dir, die schreit: ‚Nimm dich zurück und sei vorsichtig!', und gleichzeitig diese leise, ängstliche, die drängt: ‚Sei authentisch, sag, was du denkst und fühlst!'“

„Diese laute Stimme ist mir nicht fremd, sie begleitet mich schon mein ganzes Leben."

„Du kennst sie gut und sie klingt lange in dir."

„Ja, seit meiner Kindheit."

„Schon in deinen ganz frühen Erinnerungen war sie zum ersten Mal zu hören."

„Ähm, ja, ich denke, zu Hause war sie stets am lautesten."

„Möglicherweise bist du im Gleichklang ganz leise geworden?"

„Aber klar, nur nicht auffallen ..., das war das Einfachste für alle."

„An wen denkst du, wenn du ‚alle' sagst?"

„Meine Eltern, die hatten ohnehin genug um die Ohren."

„Ich habe das Gefühl, dass du ihnen helfen wolltest, indem du zu Hause kaum aufgefallen bist."

„Na ja, ich habe eben immer versucht, alles richtig zu machen. Oft habe ich mich zurückgehalten und mich in mein Zimmer verzogen, damit ich ihnen nicht noch mehr Stress mache."

„Du hast viel Verantwortung auf dich genommen, um sie nicht zu belasten."

„Sie hatten so viele Sorgen, und ich habe mich wirklich bemüht, brav zu sein, aber es hat nicht immer funktioniert. Wenn ich mich so verhalten habe, wie sie es wollten, war ich das perfekte Kind. Aber sobald ich Mist gebaut habe, wurde mir vorgeworfen, dass ich alles kaputt mache und an allem Schuld bin."

„Das muss schwer für dich gewesen sein."

„Ja, das war echt scheiße. Früher habe ich das gar nicht so gesehen, es war eben normal, aber heute tut's richtig weh, wenn ich darüber nachdenke."

„Was tut dir besonders weh, wenn du an früher zurückdenkst?"

„Zu wissen, dass ich nur geliebt wurde, wenn ich so war, wie sie mich haben wollten."

„Du konntest nicht du sein."

„Da war kein Platz für mich."

„Du warst gezwungen, jemand anderes zu sein, um deinen Platz zu finden."

„Ich wollte dazugehören, und das hat besser geklappt, wenn ich nicht ich selbst war. Manchmal konnte ich, ähm, glaube ich jedenfalls, schon ich selbst sein, aber das hielt nie lange an."

„Ein ständiges ‚um zu', das ich mir wahnsinnig anstrengend vorstelle – immer so tun zu müssen, als wärst du jemand anders, um deinen Eltern zu gefallen."

„Ja, das war's auch. Schon als Kind hatte ich ein gutes Gespür dafür, wie belastbar sie abhängig von ihrer Tagesverfassung waren. Ihre Reaktionen ließen sich oft nicht vorhersagen, also habe ich gelernt, mich selbst zu schützen, indem ich ihre Stimmung wahrnahm und mein Verhalten anpasste. An manchen Tagen war es besonders schlimm, da durfte ich nicht mal so schauen, wie ich wollte. Wenn sie schlecht gelaunt waren, aber ein glückliches Kind sehen wollten, musste ich sogar auf meinen Gesichtsausdruck achten."

„Puh, das klingt äußerst unberechenbar für mich. Du hast früh gelernt, alles im Voraus zu erspüren, um Übergriffe zu vermeiden. Dafür musstest du wahrscheinlich sehr feine Antennen entwickeln."

„Stimmt, sie haben mich oft gerettet und sind bis heute geblieben."

„Du hast schon viel in deinem Leben durchgemacht, und diese Antennen sind immer noch dein Schutzschild."

Meine Finger tasten über die heiße, salzverkrustete Reling, während ich eine Vogelfeder im Wind flattern sehe. Sie ist fein und weiß, ihre zerzausten Ränder erzählen von durchlebten Stürmen – genauso, wie ich sie als Kind erlebt habe. Ich denke an die Zeit zurück, als meine Mutter manchmal so liebevoll war, doch ihre Stimmung in Sekunden umschlug und sie fies und ungerecht wurde. Diese abrupten Stimmungswechsel ließen mich oft hilflos zurück, und auch heute spüre ich diese Ohnmacht noch manchmal in mir.

„Mhm, es hätte leichter sein können ... Uff, mir ist gerade etwas eingefallen, das mir einen richtigen Stich ins Herz gegeben hat!"

„Magst du es mit mir teilen?“

„Äh ..., ja ..., eigentlich schon ... Wenn ich nicht so war, wie meine Mutter wollte, kam oft der Spruch: ‚Ich wünsche dir, dass du nie so ein Kind wie dich selbst bekommst‘.“

„Das hat dich tief getroffen.“

„Ja, das geht richtig tief, so tief, dass es sich niemand vorstellen kann, der es nicht selbst erlebt hat.“

„Da ist ein unsagbar großer Schmerz in dir, der dich nicht loslässt.“

„Tss, ich weiß nicht mal genau, warum ich dir das erzähle. Du hast ja keine Ahnung, wie es mir wirklich damit geht.“

„Doch, ich verstehe dich.“

„Hmpf, nein! Ich glaube, wie gesagt, nicht, dass du mich wirklich verstehen kannst. Wie auch?“

„Doch, ich verstehe dich. Puh, ich habe diesen Satz auch gehört und weiß, was er in mir auslöst. Aber was jetzt wirklich zählt, ist, wie er sich für dich anfühlt und was er für dich bedeutet.“

„Wa-wa-warte mal ..., was? Ist das dein Ernst?“

„Ja, ich habe diesen Schmerz, meinen Schmerz, auch gefühlt und weiß, wie tief er gehen kann.“

„Auweia, dann kennst du dieses Gefühl …"

„Welches Gefühl meinst du?"

„Das Gefühl, eine Bürde für die Menschen zu sein, die man am meisten liebt."

Seltsamerweise klingt es plötzlich so, als würde die körperlose Stimme leise schluchzen. Ich frage mich, ob sie traurig ist oder ob ich mir das nur einbilde.

„I-ich … kann das mit dir spüren", schnieft sie.

„Oje, musst du weinen?"

„Es … es tut mir leid …, mich berührt gerade nur mein Eigenes so sehr. Es liegt nicht an dir, und … Lass mich kurz durchatmen."

Ein kurzer Moment vergeht, während ich still aufs Meer hinausblicke. *Sie wirkte stets stark, gefasst und so, als hätte sie alles unter Kontrolle.* In Gedanken versunken, reflektiere ich die abenteuerliche Suche mit meiner gestaltlosen Reisebegleitung und erkenne, dass ich bisher angenommen habe, sie hätte keine eigenen Probleme – und dass genau das ihr Geheimnis wäre, warum sie mich bisher so gut unterstützen konnte. Aber jetzt, wo sie mir eine andere, verletzlichere Seite von sich gezeigt hat, erscheint sie mir viel menschlicher und vertrauter. Ich fühle mich mit ihr verbunden, in diesem Moment sind wir uns näher als jemals zuvor.

„Tut mir leid, ist mir jetzt so passiert."

„Geht's dir wieder besser?"

„Ja, ich kann wieder ganz bei dir sein."

„Ich wollte nicht, dass du meinetwegen weinen musstest. Das wollte ich nicht."

„Mach dir bitte keine Gedanken, es ist alles wieder gut. Meine Gefühle haben sich ungewollt hineingedrängt, doch hier mit dir ist jetzt kein Platz mehr für sie. Das ist mein Thema, bei dem ich selbst noch genauer hinschauen muss. Ich bin dankbar, dass du deinen Schmerz mit mir teilst."

„Okay, dann bin ich beruhigt."

„Möchtest du weitermachen? Wir waren beim Gefühl, eine Last zu sein."

„Hm ... Ich wünsche dir, dass du nie so ein Kind wie dich selbst bekommst ... Du hast mich ja vorhin gefragt, was diese Worte für mich bedeuten. Ich bin mir nicht sicher, was sie heute für mich bedeuten, aber ich kann dir sagen, was sie damals für mich bedeutet haben: Egal, wie sehr ich mich bemühte, ich konnte es meinen Eltern nie recht machen. Ständig hatte ich das Gefühl, nicht gut genug zu sein – nicht intelligent genug, nicht anständig genug, und vor allem nie so, wie sie es sich von mir erwartet hatten. Also zog ich mich immer mehr zurück und flüchtete in meine eigene Welt aus Fernsehen und Computerspielen. Dort fühlte ich mich sicher, dort war ich endlich genug, und sie hatten ihre ersehnte Ruhe vor mir ... Ich war anwesend, aber gleichzeitig nicht wirklich da. Verstehst du, was ich meine?"

„Indem du nahezu unsichtbar warst, hast du es für deine Eltern leicht gemacht."

„Autsch, das tut weh. Was du über das Unsichtbare sagst, trifft mich … Auf einmal fühle ich mich so traurig, äh, ich habe doch alles Erdenkliche getan, um mich zu zeigen, aber sie wollten mich nicht sehen …"

„Das war ihnen nicht möglich."

Plötzlich schießt ein Mantarochen aus dem Wasser und reißt mich aus meinem Gespräch. Für einen Moment scheint er in der Luft zu schweben, seine breiten Flossen ausgestreckt, bevor er mit einem lauten Platschen zurück ins Meer fällt. *Wow, unglaublich!* Fasziniert von diesem Anblick und mit offenem Mund, schweifen meine Gedanken zurück zu den letzten Worten, die ich mit meiner vertrauten Begleitung gewechselt habe – und ich bekomme prompt ein schlechtes Gewissen. Mir fällt auf, dass ich oft nur von den negativen Erfahrungen mit meinen Eltern erzähle, aber es gab auch gute Zeiten. *Mhm, nicht alles, was sie taten, war schlecht. Sie haben es wirklich nicht verdient, dass ich so scharf mit ihnen ins Gericht gehe!*

„Ach, ich sollte nicht so streng mit ihnen sein … Ich will sie nicht verurteilen … Sie haben doch alles gegeben, was sie konnten, trotz ihrer eigenen Probleme."

„Das mag sein, aber im Moment geht es nicht um sie, es geht um dich."

„Verflucht noch mal, es geht um mich! Warum begreife ich das nicht?"

„Du möchtest dich selbst ernst nehmen können."

„Ja, das will ich, und was ich endgültig satthabe, ist, mich wie eine Bürde zu fühlen! Hört das irgendwann auf? Bis heute plagen mich Ängste, meine Eltern zu enttäuschen und ihren Erwartungen nicht zu genügen. Dabei will ich doch nur, dass sie stolz auf mich sind und mich lieben, egal was passiert."

„Du wünschst dir, von ihnen gesehen zu werden."

„Ja, genau als die Person, die ich wirklich bin, ohne mich zu verstellen, zu verstecken oder ständig versuchen zu müssen, es ihnen oder anderen recht zu machen."

„Die Idee der Notwendigkeit, zu gefallen ..."

„... scheint eine Grundannahme meines Lebens zu sein. Ich habe immer gedacht, ich muss dauernd Dinge tun, um Erwartungen zu erfüllen oder anderen zu gefallen. Dabei wünsche ich mir so sehr, das Gefühl zu haben, gut genug zu sein, ohne ständig Bestätigung und Zustimmung von außen zu brauchen. Wahrscheinlich würde es mir besser gehen, wenn ich einfach ich selbst wäre und mich nicht ständig verbiegen müsste, aber irgendwie kriege ich das nicht hin."

„Ich kann mir gut vorstellen, dass die leise, ängstliche Stimme, die drängt: ‚Sei authentisch, äußere, was du denkst und fühlst!', hier nur wenig Platz hat."

„Ich und offen sagen, was ich denke? Ha, dass ich nicht lache!"

„Das ist dir momentan noch nicht möglich."

„Mhm, nein ..., wie auch? Ich glaube, meine Meinungen sind oft sehr vage. Wenn ich ehrlich bin, stehe ich selten wirklich für meine Überzeugungen ein. Das geht schon so lange, dass ich mittlerweile nicht mal mehr sicher bin, ob ich überhaupt welche habe, die es wert sind, verteidigt zu werden ... Pfff, wer bin ich eigentlich?"

„Du fragst dich, ob hinter dieser anpassungsfähigen Fassade überhaupt ein echtes Ich mit eigenen Überzeugungen steckt."

„Ja, das ist mir schon häufig durch den Kopf gegangen."

„Du hast dich auf diese Reise begeben, um dich zu finden und wirklich du zu werden. Ich denke, dass du gerade dabei bist, herauszufinden, was sich mehr nach dir selbst anfühlt, was dir entspricht und was nicht. Wer weiß, vielleicht entdeckst du auf dem Weg mehr und mehr Stückchen deines wahren Ichs."

„Und denkst du, wenn ich genug meiner inneren Teilchen gefunden habe, fühle ich mich irgendwann ganz?"

„Was bedeutet es für dich, ganz zu sein?"

„Na ja, frei, lebendig und beweglich, weder künstlich noch von außen definiert ..."

„Selbstbestimmt und echt."

„In dieser Freiheit, wirklich ich selbst zu sein, könnte ich alles sein, was ich will – die Möglichkeiten wären grenzenlos."

„Alles sein, was du willst, und dabei du selbst sein."

„Ja, genau, wenn ich endlich daraufkomme, was wirklich zu mir gehört, dann will ich mich genau so zeigen. Aber ich habe echt Schiss davor! Mensch, wenn es mir doch nur egal wäre, was andere über mich denken."

„Alles sein, ohne irgendwem gefallen zu müssen."

Gedankenversunken beuge ich mich über die Reling und sehe viele bunte Fische, die sich nahe am Boot tummeln. Rechts von mir werfen ein paar Leute Brotkrümel ins Wasser, um noch mehr von ihnen anzulocken. *Wer bin ich?* Ich passe mich schon so lange an, dass ich manchmal das Gefühl habe, mich selbst nicht mehr richtig zu kennen. Oft spiele ich die Rolle, von der ich glaube, dass die anderen sie erwarten, um Konflikte zu vermeiden und mir weniger Sorgen machen zu müssen. *Aber hat mich das bisher glücklich gemacht?*

„Fuck, ich mache mir schon wieder selbst was vor. Willst du wissen, wie ich in Wahrheit bin, aber eigentlich nicht sein will?"

„Ja, wie bist du wirklich?"

„Ach herrje, ähm, in Wahrheit bin ich nicht immer der nette und geduldige Mensch, als den ich mich ausgebe. Manchmal regen mich Sachen echt auf, und es gibt Momente, da will ich einfach nur an mich denken. Ja, hin und wieder habe ich den Drang, Leute anzupöbeln und ihnen genau das zu sagen, was mir durch den Kopf geht. Mein Umfeld nervt mich und ich fühle mich nicht verstanden. Uff ..., das mal laut auszusprechen, tut echt gut."

„Da ist etwas für dich sichtbar geworden. Auch das bist du."

„Ich wünschte, ich würde der leisen, ängstlichen Stimme in mir öfter Platz machen ... Puh, dann hätte ich's dem Wutbrocken aber gezeigt!"

„Dann hättest du Platz für dich selbst gemacht."

„Ich würde so gern, aber nein, das geht doch nicht!"

„Da hält dich etwas zurück."

„Hmm, wenn ich meinen inneren Impulsen vertraue und mich so zeigen würde, wie mir zumute ist, wäre das tatsächlich in Ordnung?"

„Im Sinne von: so zu sein, wie du von Moment zu Moment bist, und nicht so, wie du glaubst, sein zu müssen."

„Ja, genau, aber wäre das in Ordnung?"

„Ich denke, du kannst dir selbst vertrauen, wann es passt und wann nicht. Für mich hängt das stark vom Kontext ab – vielleicht wirst du dich in bestimmten Situationen eher mal zurücknehmen, aber dann hast du auch einen guten Grund dafür. Immer alles ungefiltert herauszulassen, wäre wahrscheinlich auch zu viel."

„Mhm, also nicht überall und immer alles herauskotzen ..., mir selbst vertrauen und mehr ich selbst sein ..., das wäre eine radikale Veränderung in meinem Leben."

„Eine Veränderung weg von dem, was du glaubst, sein zu müssen, hin zu dem, was dir mehr entspricht und am Ende vielleicht wirklich zu dir passt.“

Ich atme tief ein, hebe den Kopf und lasse meinen Blick zum Himmel wandern. *Bist du dort oben, treue Reisebegleitung?* Nach all unseren Begegnungen spüre ich, dass sie es wirklich ernst mit mir meint und dass ihr etwas an mir liegt. Bei ihr muss ich nichts erklären, nichts rechtfertigen, nichts verteidigen – sie nimmt mich genau so an, wie ich bin.

„Schon verrückt ..., je mehr Zeit wir zusammen verbringen, desto mehr merke ich, dass ich bei dir einfach ich selbst sein kann – und dass du mich trotzdem magst, jedenfalls hoffe ich das.“

„Ja, das tue ich.“

„A-aber w-warum m-magst du mich ü-überhaupt?“

„Ich mag dich, weil du du bist.“

„Obwohl ich so bin, wie ich bin?“

„Genau deswegen.“

„Huch, mir fällt es nicht leicht, das zu begreifen.“

„Ich wünsche mir, du bemerkst, dass du als Person genügst.“

„Könnte ich mich durch deine Augen sehen, wäre das vermutlich einfacher für mich.“

„Wir sehen uns in den Augen der anderen ... Möglicherweise kannst du bald so auf dich blicken, wie ich es bereits tue."

„Vielleicht würde ich mich dann endlich besser verstehen und anfangen, mich mehr zu schätzen."

„Ich habe den Eindruck, du bist gerade auf einem guten Weg. Huch, jetzt muss ich aber weiterziehen."

„Okay, ich freue mich schon auf unser nächstes Treffen."

Mhm, alles sein, ohne gefallen zu müssen. Das muss ich mir aufschreiben! Als ich meine Notizen ergänze, hallt plötzlich ohrenbetäubendes Gebrüll über das Deck. Irritiert trete ich von der Reling zurück und versuche herauszufinden, woher es kommt. *Oje, ein schreiendes Kind!* Sofort fällt mir ein kleiner Zornzwerg auf, der auf dem Boden liegt, wütend mit den Beinen strampelt und sich anscheinend nicht im Geringsten um den Unmut der anderen schert. Die Stimmung ist aufgeladen: Einige schnauben ungeduldig, schütteln verständnislos den Kopf und tuscheln miteinander. Manche ziehen sich hastig auf die andere Seite des Bootes zurück. Während der Zornzwerg weiterbrüllt, mache ich vorsichtig ein paar Schritte in seine Richtung. Seine Wangen sind vor Anstrengung gerötet und seine schweißnassen Haare stehen wild ab. *Ach, wie arm. Aber wo sind denn seine Eltern?*

In der nächsten Sekunde eilt eine Person herbei, steckt gestresst ihr Mobiltelefon in die Jackentasche und beugt sich anschließend mit dem

Rücken zu mir über das zappelnde Bündel. „Sorgen Sie gefälligst dafür, dass dieses Kind sofort ruhig ist! Das ist ja wohl die Höhe – nur weil das Eis ausgegangen ist. Bringen Sie ihm mal Manieren bei“, schimpft jemand direkt neben mir. *Noch ein Arschloch an Bord!* Daraufhin dreht die Gestalt, die neben dem Zornzwerg hockt, den Kopf nach hinten, und ich verschlucke mich fast vor Überraschung: Vor mir kniet niemand anderes als der Wutbrocken selbst. *Na, das kann ja noch interessant werden!* Ich rechne mit einem heftigen Streit, doch stattdessen lächelt er nur überlegen und sagt nichts. *Hä, was ist denn mit ihm los? Warum flippt er nicht aus?* Unmittelbar richtet er seine Aufmerksamkeit wieder auf das Kind und ich trete ein paar Schritte zur Seite, um einer Familie mit Kamera Platz zu machen. Im Gehen beobachte ich, wie der Wutbrocken dem Zornzwerg zärtlich über den Kopf streicht und beruhigend auf ihn einredet. Dabei staune ich über die Sanftheit, die er auf einmal ausstrahlt, als wäre er ein völlig anderer Mensch. *Das gibt's doch nicht! Er ist wie ausgewechselt!* Bevor ich mich wieder an die Reling stelle, höre ich den Wutbrocken flüstern: „Es ist in Ordnung, dass du wütend bist. Ich verstehe dich.“

Puh, damit hätte ich im Leben nicht gerechnet! Nachdenklich beobachte ich, wie das Wasser schäumend gegen den Bootsrand schwappt, als ich plötzlich innehalte. *Bewegt sich da etwas?* Auf einmal schiebt sich ein gewaltiger Schatten unter das Boot und die Holzplanken beginnen bedrohlich zu knarren. *Oje, das könnte ungemütlich werden!* Mit einem lauten Platschen erhebt sich sogleich eine gigantische Schwanzflosse neben mir aus dem Meer, und binnen Sekunden bricht unter den übrigen Reisenden das Chaos aus. Anstatt besorgt zu sein, spiegelt sich pure Sensationslust auf ihren Gesichtern wider, als sie ihre Mobiltelefone in die Höhe reißen und sich fast über den Haufen rennen, um keinen Moment dieses Spektakels zu verpassen. *Die sind doch verrückt!* Unsicher taste ich mich zum vorderen Teil des Decks, weit weg von der bedrohlichen Silhouette und der aufgescheuchten Meute, während ich mich bei jedem Schritt fest an das heiße Metallgeländer klammere. Als ich die Spitze des Bugs erreiche, drehe ich mich um und erstarre. *Warum richten alle ihre Smartphones auf mich? Kein gutes Zeichen!* Mir bleibt gerade noch genug Zeit, fassungslos den Mund aufzureißen, bevor ein riesiger Wal auf unerklärliche Weise aus den Wellen springt und mich mit einem einzigen Happen verschlingt.

Verloren im Rausch der schnelllebigen Zeit

Ich merke, dass ich mich stetig vorwärts bewege. Unter mir spüre ich eine weiche Oberfläche und quer über meine Brust verläuft ein straff gespanntes Band. Ein dumpfes Brummen dringt an meine Ohren, hin und wieder unterbrochen von einem leisen Klicken. In der Luft liegt ein schwacher, muffiger Geruch nach Metall und Öl, der meine Sinne reizt. Ich rümpfe die Nase und überlege, wo ich bin. Plötzlich höre ich ein verhaltenes Räuspern und im nächsten Moment rüttelt mich eine kräftige Erschütterung durch. Vor Schreck reiße ich die Augen auf – ich bin in einem Auto! *Huch, nicht so schnell!* Sofort fixiere ich den Hinterkopf der Person am Steuer, die wütend flucht und dabei riskante Überholmanöver durchführt. *Oh nein, was für ein Tempo-Taifun!* Die Umgebung rast in atemberaubender Geschwindigkeit an uns vorbei und ich kralle mich ängstlich in die Rückbank, um Halt zu finden. Wir brettern die Straße entlang, als wären wir in eine wilde Verfolgungsjagd verwickelt, und ich frage mich, was der Grund für diese Eile ist. „Ich habe keine Zeit zu verlieren!“, schnaubt er und mustert mich im Rückspiegel. *Aha.* Wortlos nicke ich und werde in der nächsten Kurve unsanft gegen die Autotür gedrückt. *Nicht cool!* Das Bedürfnis, diese Blechbüchse schnellstmöglich zu verlassen und meine abenteuerliche Suche unbeschadet fortzusetzen, wird immer stärker. *Ich muss hier sofort raus!* Fast so, als könnte der Tempo-Taifun meine Gedanken lesen, legt er überraschend eine Vollbremsung hin, und wir kommen vor einem kleinen Café zum Stehen. *Juchhu, ich lebe noch!*

Angestrengt unterdrücke ich den aufsteigenden Brechreiz und versuche, mich zu sammeln, doch ehe ich mich's versehe, ist meine Fahrbekanntschaft bereits ausgestiegen und im Lokal verschwunden. Auf wackeligen Beinen folge ich ihr und betrete kurze Zeit später einen gemütlichen Raum, in dem viele Menschen in angeregte Gespräche vertieft sind. Ich suche mir spontan einen Platz an einem der Tische, beobachte das rege Treiben um mich herum und spüre, wie das flaue Gefühl in meinem Magen allmählich nachlässt. Als ich zur Theke hinüberspähe, fällt mir auf, dass der Tempo-Taifun gerade eine Bestellung aufgibt und ungeduldig mit den Fingern auf die Tresenfläche trommelt. „Unglaublich! Der Himmel leuchtet nachts wie ein lebendiges Gemälde. Diese Farben, einfach magisch!", lausche ich den Worten zweier Personen, die sich neben mir unterhalten und dabei an auffällig bunten Tassen nippen. *Wovon reden sie? Und wo bin ich überhaupt?* Mitten in meinen Gedanken zu dem eigenartigen Gespräch drückt mir der Tempo-Taifun unerwartet einen Pappbecher mit Kaffee in die Hand. Kaum setze ich an, um zu trinken, drängt mein gehetztes Gegenüber: „Die Zeit ist knapp, wir müssen uns beeilen!", und signalisiert mir mit einer fahrigen Geste, das Café zu verlassen. *Oha, müssen wir schon wieder los?* Eilig folge ich ihm, sprinte gehetzt über den Asphalt, verschütte beinahe mein Getränk und verliere ihn fast aus den Augen. *Huff, jetzt warte doch mal!* Eben noch rechtzeitig schaffe ich es ins Auto, bevor der Tempo-Taifun den Motor startet, das Gaspedal durchdrückt und wir mit quietschenden Reifen davonbrausen.

Kann mir mal jemand erklären, warum wir so unter Zeitdruck stehen und wohin es überhaupt geht? Meine Fahrbekanntschaft irritiert mich,

ich würde gerne nach unserem Ziel fragen, aber ihre grimmige Miene hält mich zurück. Verstohlen schaue ich vom Beifahrersitz zu ihr hinüber und hoffe insgeheim, dass sie von sich aus das Gespräch mit mir sucht. Stattdessen schimpft sie ununterbrochen vor sich hin und scheint mich gar nicht wahrzunehmen. Während sie weiter ihre Tiraden ablässt, bemerke ich ihre hängenden Mundwinkel und die von Sorgenfalten durchzogene Stirn, und empfinde auf einmal Mitleid. *Puh, das Leben dürfte ihr einiges abverlangt haben.* Die nächsten Minuten sitzen wir schweigend nebeneinander, bis ich plötzlich etwas in der Ferne aufragen sehe. „Was ist das?", schießt es aus mir heraus und ich deute nach vorn. „Ein Leuchtturm", entgegnet der Tempo-Taifun knapp, lenkt das Auto gleich danach von der Straße und stellt es zügig auf einem nahegelegenen Parkplatz ab. „Die Zeit läuft mir davon", murrt er und steigt aus, noch bevor ich mich abschnallen kann. *Ich habe genug von diesem Stress!* Als ich in aller Ruhe den Gurt löse, huscht er mit einer großen Tasche unter dem Arm an mir vorbei. Aufmerksam verfolge ich, wie er im Gehen eine Kamera herauskramt, das Objektiv zum Himmel richtet und ohne Unterbrechung den Auslöser betätigt. *Was gibt's da zu sehen?* Ich will wissen, was dort oben vor sich geht, schlage die Autotür hinter mir zu und neige den Kopf nach hinten. *Ist das wirklich wahr?* Ungläubig reibe ich mir die Augen, denke an meine Bucket List und halte vor Staunen den Atem an: Vor mir entfaltet sich ein Ballett aus Farben, die sich in wellenförmigen Bögen über den Himmel ziehen, wie eine lebendige Sinfonie des Lichts. Sterne funkeln wie Diamanten und zarte grüne Strahlen tanzen über den Horizont. *Unfassbar, die Nordlichter in Island! Zum Glück habe ich die Autofahrt überstanden, um das zu erleben!* Ich wünschte, ich könnte die Zeit anhalten, um diesen Moment für immer zu bewahren.

„Zeit ist von unschätzbarem Wert", hallt die Stimme meiner vertrauten Reisebegleitung durch die Nacht.

„Dem Tempo-Taifun scheint sie jedenfalls durch die Finger zu rinnen", hauche ich abgelenkt und bestaune weiterhin das faszinierende Naturschauspiel.

„Dieser Anblick raubt dir förmlich den Atem."

„Ja, wunderschön. Ich hätte niemals gedacht, dass ich diesen Punkt auf meiner Bucket List tatsächlich abhaken kann."

„Du hast auf deiner abenteuerlichen Suche viele interessante Orte erkundet – nun kommt ein neuer hinzu."

„Wenn ich nicht zufällig in dieses Abenteuer geraten wäre, hätte ich wohl nie die Zeit gefunden, all diese unglaublichen Erfahrungen zu machen. Und dann ist da noch das Finanzielle … Mit meinem Job komme ich gerade so über die Runden."

„Es freut mich, dass du jetzt die Gelegenheit dazu hast."

„Durch all diese besonderen Erlebnisse und Begegnungen spüre ich immer deutlicher, dass sich etwas in mir verändert."

„Sie hinterlassen Spuren in dir …"

„… und prägen meinen Weg. Ich merke, wie mich jeder Schritt näher zu dem bringt, wer ich wirklich sein will."

„Du bist auf einem Weg, der dir viel über dich selbst zeigt."

„Mhm, vielleicht habe ich mich über die Jahre hinweg immer weiter von mir selbst entfernt."

„Als ob du dir in deinem eigenen Leben fremd geworden bist."

„Ähm, ja, irgendwie habe ich unbemerkt die Verbindung zu mir selbst verloren."

„So, als wärst du Stück für Stück dein eigenes Gegenüber geworden. Dafür gibt es bestimmt einen Grund."

„Ich denke schon ... Ehrlich gesagt, wurde mein Leben vor dieser Reise immer düsterer und leerer.

„Was hat es so düster gemacht?"

„Uff, jeder Tag war ein einziger Strudel aus Verpflichtungen und To-dos. Es fühlte sich an, als hätte ich keine Kontrolle mehr über meine Zeit und das, was mir wirklich wichtig ist. Alles musste sofort erledigt werden, und das hat mich echt überfordert. Manchmal dachte ich, mein Kopf platzt gleich."

„Wie das Festhängen in einem endlosen Kreislauf, aus dem ein Ausbruch unmöglich wirkt."

„Ahhh, diese schnelllebige Welt macht mich echt krank. Es fühlt sich an, als würde ich am Leben scheitern. Aber warum schaffen es alle anderen außer mir? Ich bin einfach nur müde und ausgebrannt."

„Ich denke, das ist eine Folge dieser verrückten gesellschaftlichen Entwicklung. Ich habe unterwegs schon viele getroffen, denen es genauso geht. Ich kann dich da total gut verstehen. Dieser endlose Stress und der permanente Druck machen dich fertig."

„Weißt du, es ist dieser ewige Drang, alles zu optimieren, dieser enorme Leistungsdruck – immer schneller, besser, weiter. Es kommt mir vor, als wäre heutzutage alles so leicht austauschbar, als hätte nichts mehr wirkliche Bedeutung. Ich kenne eine Person, die gefühlt jeden Monat einen neuen Lebensmenschen an ihrer Seite hat, und eine andere, die sich ständig Dinge kauft, obwohl sie schon so viel besitzt. Es gibt heute so viele Möglichkeiten, dass ich mich oft nur noch überfordert fühle, anstatt die Freiheit darin zu sehen. Entscheidungen zu treffen, wird für mich immer schwieriger, weil mich das alles so überrollt."

„Kein Entkommen bedeutet auch gleichzeitig kein Ankommen."

„Allerdings, Zeit ist das Kostbarste, was wir haben, und dennoch hetzen wir rastlos durchs Leben."

„In gewisser Weise ein kollektiver Wettlauf."

„Ohne jemals wirklich anzukommen, wie du sagst – ähm, der Tempo-Taifun hebt definitiv die Durchschnittsgeschwindigkeit."

„Nun ja, er dürfte sehr in Eile sein."

„Es ist schwer, mit ihm mitzuhalten."

„Unaufhaltsam stürmt er voran, und niemand kann ihm folgen."

„Dieses Solorennen muss ausgesprochen einsam sein. Auf meiner Reise habe ich bisher noch niemanden getroffen, der so abgehetzt und gestresst war … Irgendwie spüre ich eine Verbindung zu ihm.“

„Ein unsichtbares Band, geknüpft durch eine unvorhergesehene Fahrgemeinschaft.“

„Während unseres schnellen Trips wirkte er wie eine leere Hülle, ein Schatten seiner selbst – ausgebrannt, abwesend, immer auf der Suche. Ich empfinde Mitgefühl für ihn, weil ich weiß, wie sich das anfühlt.

„Da bist du auf eine Gemeinsamkeit gestoßen.“

„Ja, bevor ich diese Reise angetreten habe, war ich genauso gestresst wie er. Das macht mich echt nachdenklich. Mein Leben fühlte sich nur noch anstrengend an und ich konnte kaum noch etwas für mich tun. Selbst Dinge, die mir sonst Freude bereiteten, wie Lesen oder alltägliche Aufgaben wie der Haushalt, wurden mir zu viel, und auch für Sport hatte ich keine Energie mehr.“

„Indem du deinen Blick auf ihn gerichtet hast, konntest du dich selbst klarer sehen.“

„Im Laufe dieser rasanten Fahrt habe ich erkannt, dass ich so nicht länger sein möchte. Das bin nicht mehr ich!“

„Es entspricht dir nicht mehr.“

„Genau! A-aber wer, wie, was … bin ich denn dann?“

„Du machst dich gerade mit dir selbst vertraut – wer du wirklich bist und was du tatsächlich brauchst."

„Ich weiß nur, dass ich dieses ewige Hamsterrad, diesen Drang, ständig funktionieren zu müssen, nicht mehr will!"

„Auch das entspricht dir nicht mehr."

Mein Blick ist noch immer zum Himmel gerichtet, während ich an meinen zermürbenden Alltag denke, der jeden Morgen mit einer Arbeit beginnt, die ich schon lange nicht mehr machen möchte. Ich wollte immer etwas tun, das mich erfüllt und meinem Leben mehr Sinn gibt, doch ich habe mich nie getraut, etwas zu verändern. Allein die Vorstellung, mich auf eine neue Umgebung und fremde Menschen einstellen zu müssen, bereitet mir Angst und überfordert mich. *Was, wenn ich den Erwartungen nicht gerecht werde? Was, wenn ich meine Situation verschlechtere?* Auch wenn ich spüre, dass ich nicht als dieselbe Person von dieser Reise zurückkehre, die einst aufgebrochen ist, bemerke ich, dass noch immer viel Unsicherheit in mir steckt. Ich sehne mich nach Unbeschwertheit, doch zugleich habe ich ein starkes Bedürfnis nach Kontrolle. *Mhm, vielleicht sollte ich es einfach mal auf mich zukommen lassen, und wenn ich wieder zu Hause bin, sehe ich weiter. Irgendwann finde ich dann schon den Mut, einen Neuanfang zu wagen.*

„Komisch, auf einmal bin ich richtig ungeduldig."

„Warum?"

„Weil ich auf dieser Reise beginne, meine Gedanken zu ordnen und mir über vieles klarer zu werden. Jetzt will ich rasch vorankommen, um mich

noch besser kennenzulernen – ich will mehr von mir. Vielleicht gelingt es mir dann bald, Dinge zu verändern, die mir wirklich am Herzen liegen."

„Ich verstehe dich, aber dieser Prozess braucht Zeit."

„Ich weiß, trotzdem wünsche ich mir, dass es schneller vorangeht – diese fortlaufende Entdeckungsreise voller Aha-Momente. Es ist oft sehr herausfordernd, aber auch extrem spannend, mir selbst zu begegnen."

„Das glaube ich dir, aber ehrlich gesagt mache ich mir auch Sorgen, dass du dich dabei überfordern könntest – dieses ständige Streben nach schneller, besser, weiter."

„Ja, das könnte tatsächlich passieren. Ufff, mir wird gerade klar, dass ich mich schon wieder selbst unter Druck setze, ohne es vorher überhaupt bemerkt zu haben. Aber wünschst du dir nicht auch für mich, dass es endlich besser wird?"

„Ja, das tue ich. Deswegen geht es mir in unserer Beziehung nicht darum, dass etwas mehr wird, sondern im Gegenteil, dass etwas weniger wird."

„Was soll weniger werden?"

„Dein Schmerz, dein Kummer, dieser immense Leidensdruck."

„Hm, das wird wohl echt Zeit brauchen. Wenn ich nur nicht so lange damit gewartet hätte. Früher bin ich viel zu achtlos mit mir und meiner Zeit umgegangen."

„Jetzt siehst du andere Dinge als wichtiger an."

„Ab jetzt werde ich viel mehr Zeit in mich selbst investieren, denn zum ersten Mal in meinem Leben stehe ich an erster Stelle und nehme mich selbst wichtig."

„Du schaffst bewusst Raum für dich. Das hast du ganz allein vollbracht."

„Darauf bin ich stolz, ähm, und das war ich schon lange nicht mehr."

„Ich kann mir vorstellen, dass sich das richtig gut anfühlt."

„Ja, es fühlt sich mehr nach mir selbst an."

„Ich bin neugierig, was du auf deiner abenteuerlichen Suche noch alles entdecken wirst."

„Und ich erst! Apropos, es wird wieder Zeit für meine Notizen."

„Bis bald!"

Im Schein der Nordlichter vervollständige ich meine Aufzeichnungen, als plötzlich hektisches Gemurmel meine Aufmerksamkeit auf sich zieht. „Komm schnell, ich muss los!", brummt der Tempo-Taifun und prescht mit der Kamera in der Hand zum Auto. Ich stürme hinterher und springe im Eifer des Gefechts fast kopfüber in den Wagen. *Echt nicht cool!* Ehe ich mich's versehe, dreht er hastig den Zündschlüssel und wir rasen davon. Wieder sitzen wir schweigend nebeneinander, während er konzentriert auf die Straße starrt. Mit jedem stärkeren

Druck aufs Gaspedal frage ich mich, wohin uns die Fahrt als Nächstes führt. Nach einigen weiteren Kilometern tauchen Lichter in der Dunkelheit auf – wir nähern uns einer Stadt. Schon bald flitzen wir an bunt gestrichenen Häusern vorbei und ich beobachte gelegentlich, wie Menschen in ihre warmen Heime verschwinden. Bevor wir in eine der engen Gassen einbiegen, drosselt meine Fahrbekanntschaft abrupt die Geschwindigkeit und hält anschließend vor einem Gebäude mit leuchtend gelber Fassade. Flink schnappt sie sich den Fotoapparat vom Rücksitz, hüpft aus dem Wagen und winkt mir zu, ihr zu folgen.

Gemeinsam steigen wir die Stufen zu einer alten, kunstvoll verzierten Eingangstür hinauf, deren Holz zwar von der Zeit gezeichnet ist, doch die filigranen Schnitzereien strahlen weiterhin eine schlichte Eleganz aus. Nervös wühlt der Tempo-Taifun in seiner Jackentasche, zieht einen leicht abgenutzten Schlüssel hervor, schließt auf, und wir treten in einen schwach beleuchteten Flur. *Wow, beeindruckend!* Die Wände sind über und über mit Bildern geschmückt, jedes einzelne ein kleines Fenster in eine andere Zeit. Es fühlt sich an, als würde ich durch die Vergangenheit eines anderen Menschen wandern, eine Reise, die mich unweigerlich in ihren Bann zieht. Zwischen den freundlichen Gesichtern, die mir aus den Rahmen entgegenlächeln, entdecke ich beeindruckende Landschaften – weite Felder unter einem endlosen Himmel, majestätische Berge, die in der Ferne verschwinden, und faszinierende Fotografien funkelnder Nachthimmel. Gefesselt betrachte ich die Aufnahmen und möchte mehr über die Geschichten erfahren, die sie erzählen. *Mhm, ein ganzes Leben in Bildern.*

Unvermittelt knarrt der Boden unter den Schritten des Tempo-Taifuns und reißt mich aus meinen Gedanken. *Weiter geht's!* Lautlos betreten wir ein kleines Zimmer, dessen gedämpftes Licht eine Atmosphäre stiller Geborgenheit schafft. Inmitten des Raums liegt eine zierliche Gestalt mit silbergrauen Haaren, fast vollständig in den Kissen versunken. Ich mache einen Schritt auf sie zu und bin sofort gefangen von ihrer Ausstrahlung, die eine faszinierende Mischung aus Zerbrechlichkeit und Stärke in sich trägt. In ihren Augen spiegelt sich die Weisheit eines langen Lebens wider, und die Anmut dieses altersschönen Menschen hinterlässt einen tiefen Eindruck in mir.

Hä, was ist in ihn gefahren? Irritiert beobachte ich den Tempo-Taifun, der von einer Sekunde auf die andere wie ausgewechselt ist. Mit einem Mal wirkt er völlig ruhig, als hätte er die vorherige Hektik wie einen Mantel abgelegt. Bedächtig nimmt er auf einem Sessel neben dem altersschönen Menschen Platz und streicht ihm liebevoll über den Handrücken. Dann greift er nach einem Tuch, taucht es in das Glas Wasser, das auf dem Nachttisch steht, und befeuchtet vorsichtig die trockenen Lippen seines Gegenübers. Nachdem er das Tuch beiseitegelegt hat, hebt er den altersschönen Menschen behutsam an, richtet sein Kissen und sorgt dafür, dass er aufrechter sitzen kann. *Wie nah sich die beiden doch sind.* Die tiefe Verbundenheit und das Vertrauen, das zwischen ihnen spürbar ist, berühren mich, und es erfüllt mich mit Demut, Teil dieses Moments sein zu dürfen. Einige Minuten vergehen, in denen sie schweigend die Gegenwart des anderen genießen, bis der Tempo-Taifun schließlich die Kamera aus seiner Tasche zieht und das Display zum Bett hindreht. Gemeinsam betrachten sie die Aufnahmen, halten immer wieder inne und sprechen leise über vergangene Zeiten. „Ich habe dir doch versprochen, dass wir die Nordlichter noch einmal zusammen sehen werden“, flüstert er sanft. Der altersschöne Mensch lächelt zufrieden, während eine einzelne Träne über seine Wange rollt – dann schließt er langsam die Augen.

Tief bewegt verlasse ich den Raum, um frische Luft zu schnappen und diesen Augenblick in Ruhe zu verarbeiten. Auf leisen Sohlen versuche ich, mich über die knarzenden Dielen zu bewegen, doch ich stocke, als mein Blick erneut auf die zahlreichen Fotografien fällt, die die Wände schmücken. Der Flur erscheint mir plötzlich wie ein Übergang zwischen verschiedenen Welten, und ich bleibe vor einem Schnappschuss stehen, der eine vergangene Erinnerung für immer festhält: Eine fröhliche Gruppe sitzt auf Klappstühlen unter einem Himmel, der in den schillerndsten Farben leuchtet. *Ist das etwa der altersschöne Mensch?* Mit einem Mal spüre ich einen unerklärlichen Sog, der mich sanft, aber unaufhaltsam erfasst – und ehe ich es begreifen kann, werde ich in das Bild hineingezogen.

Inmitten der anderen

Hitze schlägt mir entgegen und ein klebriger Schweißfilm bedeckt meine Haut. Der Geruch von Tabak, Alkohol, gegrilltem Fleisch und scharfen Gewürzen liegt in der Luft. Ich nehme wahr, wie der Boden unter meinen Füßen durch den Bass lauter Musik vibriert, als ein sanftes Kitzeln meine Nasenspitze reizt. Hastig drehe ich mich zur Seite und vergrabe die Nase in meiner Armbeuge. Hatschi! Ich reiße die Augen auf und registriere das heitere Lächeln einer Person, die auf einem wackeligen Plastikstuhl vor mir sitzt. Überrascht richte ich mich auf und bemerke, wie sie alarmiert mit den Händen wedelt. Ich bin verwirrt, versuche zu begreifen, was gerade vorgefallen ist, und sehe mich um: Auf dem Tisch neben mir sind kleine Farbtöpfe, bunte Tuben, Schwämme, Pinsel und Schablonen mit verschiedenen Motiven verstreut. Über mir, an einer Markise befestigt, strahlt ein UV-Licht. *Hm, sehr seltsam.* Plötzlich hält mir die Person einen Spiegel vor und ich blicke in mein mit greller Neonfarbe bemaltes Gesicht. *Wow, wie cool. Ich leuchte!* Begeistert betrachte ich die kunstvollen Muster in meinem Gesicht, die sich durch das kräftige Niesen verschmiert haben. Sofort denke ich an meine Bucket List und frage ungläubig: „Full Moon Party?“ Mein Gegenüber nickt, greift flink nach einem feuchten Tuch und reicht es mir. Bevor ich anfange, die Farbkleckse zu entfernen, wird mir bewusst, dass mich meine Reise nach Koh Phangan in Thailand geführt hat. *Genial, das ist ja der Wahnsinn! Der nächste erfüllte Wunsch.* Hibbelig betrachte ich mein Spiegelbild und die ungeordneten Linien, die meine Züge schmücken. Ich mag das farbenfrohe Durcheinander, das mir entgegenstrahlt. Eingehend bestaune ich das lebendige Chaos – irgendwie passt es zu mir. Wild, eigenwillig, unangepasst, nicht perfekt, aber dafür besonders: So fühle ich mich in diesem Moment. *Bin das ich?* Dieses neue Bild von mir wirkt ungewohnt, es ist nicht ganz ich und doch auf seltsame Weise stimmig.

Eine Weile starre ich mir in die Augen und werde nachdenklich. Ich frage mich, wann und wo ich mich anpasse und in welchen Situationen ich ich selbst bin. Während die Neonpigmente allmählich trocknen und sich meine Haut unter der Farbe spannt, empfinde ich Aufregung und Angst zugleich. *Was bleibt von mir, wenn ich mein altes, unsicheres, angepasstes, aber vertrautes Ich loslasse? Werde ich dann ein Niemand sein?* Bei dieser Überlegung schlägt meine Stimmung im Bruchteil einer Sekunde um und ich fürchte, die Kontrolle zu verlieren. *Kann mein bisheriges Ich verloren gehen? Oder wird es immer ein Teil von mir bleiben?* Statt mir die Farbe weiter aus dem Gesicht zu reiben, lasse ich meine Hand, die das Tuch noch immer fest umklammert hält, sinken. *Ist mein altes Ich wirklich nur damit beschäftigt, weder aufzufallen noch anzuecken und um jeden Preis dazuzugehören?* Unkontrolliert springen meine Gedanken umher und beginnen, sich zu überlagern, bis mein Kopf zu explodieren droht. *Ich drehe mich schon wieder im Kreis und hasse es!* Frustration, Unruhe, Angst, Wut – all diese Gefühle überwältigen mich gleichzeitig und ich stelle fest, dass ich an einem Punkt angelangt bin, an dem ich nicht mehr weiterkomme. Ich finde keine zufriedenstellenden Antworten und atme so tief durch, dass meine Nasenflügel beben. *Vielleicht muss ich gerade keine Lösung parat haben? Kann ich es genau so, wie es ist, für mich stehen lassen? Mhm, möglicherweise gibt es tatsächlich kein klares Schwarz oder Weiß, so, wie es die Stimme im Heißluftballon gesagt hat.* Kurz erinnere ich mich an das

Gespräch mit meiner vertrauten Reisebegleitung und wundere mich, ob ich im Graubereich gelandet bin. *Puh, wie erleichternd! Ich muss mich nicht zwischen Entweder und Oder entscheiden, sondern dazwischen und darunter existiert tatsächlich ganz viel Raum für Und.* Ein letztes Mal mustere ich mich neugierig im Spiegel und beschließe, meine Bemalung genau so zu lassen, wie sie ist. *Schluss mit dem Versteckspiel!* Mit hochgestrecktem Daumen signalisiere ich meinem Gegenüber, dass ich zufrieden bin. Dann verabschiede ich mich und beobachte, wie es sich der nächsten feierwütigen Person zuwendet und seinen Pinsel in knalliges Neongrün taucht.

Schwungvoll erhebe ich mich und sause einige Meter eine schmale Gasse entlang. Ich schlängle mich an Menschen vorbei, die aus kleinen Plastikeimern mit Strohhalmen trinken oder an den zahlreichen Ständen etwas zu essen kaufen. Viele von ihnen sind bemalt und in ausgelassener Stimmung – tanzend und grölend erleuchten sie die Nacht. In ihrem Partyfieber nehmen sie kaum Rücksicht und ich lande beinahe in einem Haufen gestapelter Mangos, als ich einer besonders unachtsamen Truppe auszuweichen versuche. Entnervt bahne ich mir weiter einen Weg durch die Menge und spüre, wie ich schlagartig aggressiv werde. *Boah, dem nächsten Idioten, der mich anrempelt, haue ich eine rein!* Mit jedem weiteren Stoß merke ich, dass mir die Leute und der Lärm zu viel sind und ich dem Trubel schnellstens entfliehen muss.

Als ich nach einigen Minuten das Rauschen des Meeres höre und wenig später den Sand unter meinen Füßen spüre, zittere ich vor Anspannung und bin erschöpft. Hier, am berühmten Haad Rin Beach, verläuft sich das Gedränge und ich kann endlich wieder richtig Luft holen. Rasch setze ich mich unter die nächstgelegene Palme und beobachte das beeindruckende Spektakel am Strand: Tollkühne Feiernde springen über

Seile, die in Flammen stehen, und manche schwingen brennende Fackeln. Menschen prosten sich zu, trinken große Schlucke aus ihren Bechern, umarmen sich überschwänglich und bewundern die auffälligen Muster auf ihren Körpern. Weiter vorn fällt mir ein kleines Lagerfeuer auf, um das sich einige Personen scharen. Eine von ihnen zupft leidenschaftlich auf einer Ukulele und singt die erste Strophe eines Liedes, in das der Rest der Gruppe begeistert einstimmt. *Dort muss ich hin!* Angezogen von den angenehmen Klängen und dem beruhigenden Knistern der lodernden Holzscheite, beende ich meine Verschnaufpause und stapfe in ihre Richtung. Ich sehe einen freien Platz in der Runde, setze mich dazu und werde von den anderen mit einem freundlichen Lächeln empfangen. Die Stimmung ist entspannt und ich spüre, dass nichts von mir erwartet wird. In ihrer Mitte fühle ich mich willkommen und habe das Gefühl, dazuzugehören.

Gebannt starre ich in die Flammen und summe die Melodie mit, als plötzlich eine wirbelnde Gestalt meine Aufmerksamkeit fesselt. Im Dunst des Rauchs erspähe ich eine von Kopf bis Fuß bemalte Person, die zur Gruppe stößt und um das Lagerfeuer zu tanzen beginnt. Zunächst sind ihre Bewegungen noch etwas zurückhaltend, doch bald hüpft sie ausgelassen durch die Gegend und wirkt immer gelöster. Ich sehe, wie sie ihren Körper rhythmisch hin und her wiegt, während die knalligen Neonfarben durch die Nacht blitzen. Mit ausgebreiteten Armen dreht sie sich schwungvoll im Kreis und richtet ihren Blick zu den Sternen. Ihre spontane Einlage sprüht vor Dynamik und Energie, sodass sie für mich zum Lichtflummi wird. *Hach, das macht mich schon ein bisschen neidisch. So wäre ich auch gerne.* Dem Lichtflummi scheint es egal zu sein, was andere über ihn denken. Er kann loslassen und im Moment sein. *Ist er immer so selbstbewusst, oder hat auch er manchmal Zweifel und fühlt sich verloren, wie ich?* Seine Gesten werden ausladender, eine weitere Person gesellt sich zu ihm und ich werde auf einmal traurig. Am liebsten würde ich aufstehen und mitmachen, aber ich traue mich nicht, weil ich nicht mutig genug und zu verklemmt bin. Schon bei der Vorstellung, vor Fremden zu tanzen, schäme ich mich. *Vielleicht sind die beiden betrunken? Nein, das erzählst du dir nur, um dich besser zu fühlen. Diese Drehungen, mit viel Promille, niemals!*

Es dauert nicht lange, bis mir der Anblick der beiden zu viel wird und ich zum Meer hinuntergehe. *Hm, warum kann ich nicht so sein?* Niedergeschlagen strecke ich meine Füße ins kühle Wasser und spüre den nassen Sand, der sich zwischen meine Zehen schiebt. Während ich den Vollmond und seine Spiegelung auf den Wellen betrachte, überlege ich, was ich alles in meinem Leben verpasst habe, da ich mir ständig selbst im Weg stehe. *Wie gerne wäre ich manchmal ausgelassen, cool und laut. Kann ich nicht endlich aufhören zu grübeln und einfach mal machen?*

„Du wirkst traurig auf mich", vermischt sich die Stimme meiner treuen Reisebegleitung mit dem Rauschen der Wellen.

„Ach, der Lichtflummi und sein fröhliches Getue", murmle ich frustriert.

„Sein unbeschwertes Auftreten bedrückt dich."

„Ja, leider. Durch ihn wird mir noch klarer, wie viel ich in meinem Leben verpasst habe. Kannst du dir vorstellen, wie weh das tut?"

„Da ist ein ganz großer Schmerz in dir. Was genau hast du verpasst, mit dem du gerade so kämpfst?"

„Verdammt noch mal, ich habe verpasst, ich zu sein!"

Ich merke, wie meine Füße im Wasser immer tiefer in den Sand einsinken, bis meine Fersen plötzlich auf etwas Spitzes stoßen. Neugierig ziehe ich meinen Fuß hoch, beuge mich hinunter und entdecke eine kleine, weiße Muschel, die im Mondlicht schimmert. Vorsichtig hebe ich sie auf und betrachte sie für einen Moment, während sich ein Kloß in meinem Hals bildet und mir Tränen über die Wangen laufen. *Warum muss dieser Prozess so unglaublich schmerzhaft sein?* Kaum habe ich diesen Gedanken gefasst, spüre ich auf einmal eine sanfte Umarmung von hinten. Überrascht blicke ich über die Schulter, doch niemand ist da. *Bilde ich mir das nur ein?* Aber als ich kurz danach die Augen schließe, fühle ich deutlich, dass es die Stimme ist, die mich in ihren unsichtbaren Armen hält, als würde sie mich still und behutsam durch diesen Schmerz tragen. Sie umschließt mich mit einer Wärme, die mich vollkommen einhüllt, und ich fühle mich wie in einem schützenden Kokon geborgen, bis es schließlich kein Halten mehr gibt: Ich schreie verzweifelt, weine hemmungslos und fluche voller Wut, während ich kraftlos aufstampfe, als könnte ich damit die Uhr zurückdrehen. Ich trauere um all die Jahre, in denen ich nicht wirklich ich selbst sein konnte, um die verpassten Chancen und die verlorene Zeit. Doch meine treue Reisebegleitung bleibt bei mir, weicht keinen Millimeter von meiner Seite, hält mich in dieser unendlichen Nähe, die mir zeigt, dass ich in diesem schmerzvollen Augenblick nicht allein bin.

„*Puh, das war echt notwendig*“, sage ich irgendwann, schniefe leise und bemerke, wie der Halt um mich herum langsam schwächer wird.

„Das hast du gebraucht.“

„Uff, ich frage mich immer wieder, was für ein Mensch ich heute wäre, wenn ich immer ich selbst hätte sein können. Es tut weh zu wissen, dass ich es nie erfahren werde."

„Ich verstehe gut, dass du dir Gedanken darüber machst, wie anders du unter anderen Umständen hättest sein können. Du haderst mit deinem eigenen Gewordensein und betrauerst es."

„Ja, das trifft es ziemlich gut, mein eigenes Werden ist nicht so verlaufen, wie ich es mir für mich gewünscht hätte. Aber bedeutet diese Einsicht, dass meine Reise hier zu Ende ist? War's das jetzt für mich?"

„Nein, deine Reise endet nicht an diesem Punkt. Für mich zeigt es vielmehr, dass du noch immer in einem Prozess des Werdens bist. Du, ich, wir alle sind nie ‚fertig' – wir entwickeln uns ständig weiter. Das Leben ist ein Fluss, ein dynamischer, kontinuierlicher Prozess. Verstehst du, was ich meine? Hilft dir dieser Gedanke?"

„Mhm, ja, ein bisschen. Aber ich weiß noch nicht, was ich jetzt damit anfangen soll."

„Es liegt an dir, was du daraus machst."

Ich beuge mich vor, tauche meine Hände ins kühle Meerwasser und spritze es mir ins Gesicht, um die getrockneten Tränen abzuwaschen. Dabei schweifen meine Gedanken nach Paris, zu meiner zweiten Begegnung mit der vertrauten Stimme, und ich grüble erneut, wer oder was sie eigentlich ist. Habe ich jetzt den Mut, ihr diese Frage zu stellen?

„Also, ähm, es gibt da etwas, das ich schon lange wissen will, aber ich habe mich bisher nicht getraut, es anzusprechen …"

„Ich freue mich, dass du jetzt den Mut dazu findest."

„W-wer … oder w-was bist … bist du?"

„Ich bin das, was du willst, das ich für dich bin – genau das, was du gerade jetzt, im nächsten Augenblick und im übernächsten brauchst."

Ich reibe meine feuchten Hände an meinem T-Shirt ab und verliere mich abermals in Gedanken. *Mhm, sie wirkt so fern und doch so nah, unerreichbar und dennoch spürbar präsent. Sie ist zugleich alles und nichts, greifbar und doch unbegreiflich. Und trotzdem bedeutet sie mir die Welt, weil sie an meiner Seite war, als ich anfing, meine eigene ein Stück weit zu verstehen. Aber wie wird es sein, wenn meine Reise endet?*

„Hast du dasselbe erlebt wie ich und verstehst mich deshalb so gut?"

„Nein, denn keine Person, keine Stimme macht dasselbe durch wie die andere. Jeder Mensch hat seine eigene, einzigartige Geschichte. Nur bei sehr oberflächlicher Betrachtung machen zwei Menschen das Gleiche durch."

„Okay, verstehe, du meinst also, jeder Mensch erlebt seine eigene Wirklichkeit?"

„Genau, was ein Mensch erfährt, ist immer individuell und ernstzunehmend."

„Du hast schon viele Menschen begleitet, und wenn wir zusammen sind, spüre ich oft das starke Bedürfnis, dich ganz für mich allein zu haben. Ich möchte dich nicht teilen, und obwohl ich weiß, dass du auch für andere da bist, ähm, will ich das lieber gar nicht wissen. Ach, was sage ich da überhaupt? Das klingt gerade wirklich seltsam."

„Nein, das finde ich überhaupt nicht seltsam."

„War jede Beziehung für dich bisher so wie unsere?"

„Nein, jede Beziehung ist einzigartig und verschieden. Als Teil der Beziehung bin ich anders, wenn der Mensch, den ich begleite, anders ist. Aber meine Haltung, wie ich allen Reisenden begegne, bleibt immer dieselbe."

„Wenn ich dich richtig verstehe, dann ist die Beziehung also gleichzeitig die gleiche und doch immer anders?"

„Ja, genau."

„Irgendwie habe ich plötzlich so ein schlechtes Gewissen."

„Warum?"

„Weil ich das Gefühl habe, dass ich auf meiner Reise so viel Raum eingenommen habe und du dabei kaum Platz hattest."

„Mhm, vor deiner Suche nach dir selbst hast du dir nie so viel Raum zugestanden."

„Nein, das habe ich nicht, und jetzt fühle ich mich irgendwie schuldig."

„Ich denke, das, was draußen passiert, spiegelt sich auch in unserer Beziehung wider – du übernimmst Verantwortung für mich, aber das musst du nicht. Ich kann gut auf mich selbst achten, und diese Reise dreht sich um dich, nicht um mich. Mir geht es damit sehr gut."

„Okay, das erleichtert mich ein wenig. Es fühlt sich an, als hätte ich mit dir seit unserem ersten Treffen am Kilimandscharo einen Übungsraum betreten, und nun bin ich bereit, mich auch draußen wieder mehr zu öffnen."

„Du trägst etwas von unserem gemeinsamen Abenteuer mit hinaus in die Welt."

Plötzlich höre ich lautes Lachen hinter mir und drehe mich überrascht um. Ein paar Meter entfernt sehe ich zwei Personen, die vergnügt in einen spielerischen Kampf vertieft sind. Abwechselnd werfen sie sich zu Boden, rollen kichernd umher, als hätten sie alles um sich herum völlig vergessen. Ihre unbeschwerte Fröhlichkeit ist ansteckend, und ich muss unweigerlich an den Lichtflummi denken. *Sind er und ich wirklich so verschieden?*

„Glaubst du, dass nur ich anders bin?"

„Nein, ich denke, jeder Mensch ist auf seine Weise anders."

„Je mehr ich mein eigenes Anderssein verstehen und annehmen kann, desto leichter wird es mir wahrscheinlich fallen, auch die Unterschiede bei anderen zu akzeptieren."

„Mhm."

„Wenn ich also davon ausgehe, dass jeder Mensch einzigartig ist, dann bedeutet das, dass sie nicht nur anders als ich sind, sondern auch anders als alle anderen. Auch du, liebe Stimme, bist anders als ich, und genau das hat mich berührt."

„Genau so, wie du mich mit deinem Anderssein berührt hast."

„Warte, ich muss mir ein paar Gedanken dazu aufschreiben, bevor ich sie vergesse ..."

„Ach, es ist schon wieder spät. Ich muss weiter. Bis zum nächsten Mal, liebes Du."

Plötzlich streift mich etwas am Schienbein und ich erschrecke so sehr, dass ich panisch aus dem Meer eile. Ich schüttle mich heftig und reibe hektisch über meine Beine, als der Lichtflummi unvermittelt vor mir aufleuchtet. *Oh nein, auch das noch! Geh weg, ich will nicht tanzen.* Finster blicke ich ihn an und sehe, dass ihm der Schweiß hinunterrinnt, wodurch die bunten Motive auf seinem Gesicht verlaufen. Eingehend bestaune ich das lebendige Chaos – irgendwie passt es zu ihm. *Sind wir uns vielleicht doch ähnlicher als gedacht?* Wild, eigenwillig, unangepasst, nicht perfekt, aber dafür besonders: *Fühlt er sich so in diesem Moment? Ist das er?* Fast so, als könnte der Lichtflummi meine Gedanken lesen, schlingt er die Arme um sich selbst und flüstert: „An diesem Ort möchte ich versuchen, ich selbst zu sein."

Das will ich auch! Überall klebt Sand an meinem Körper, das Meerwasser auf meinen Beinen ist zu kleinen Salzkristallen getrocknet und meine Haut spannt unter der Neonfarbe. Ich betrachte den Lichtflummi und spüre auf einmal, dass ich mich nicht länger hinter den Mauern verstecken möchte, die ich selbst errichtet habe. Voller Energie drehe ich mich um die eigene Achse und lasse das pulsierende Treiben am Haad Rin Beach auf mich wirken. *Ich will leben!* Erst jetzt bemerke ich das breite Grinsen meiner Bekanntschaft von Koh Phangan. „Wie wär's damit?", ruft sie begeistert und zeigt auf eine brennende Rutsche in der Ferne, um die sich zahlreiche Menschen scharen. Meine Augen weiten sich und ich will gerade abwinken, doch der Lichtflummi ist bereits losgestürmt und flitzt wie ein leuchtender Pfeil durch die feiernde Menge am Strand. *Na toll!* Zaghaft folge ich ihm, während meine Nervosität mit jedem Schritt wächst. *Soll ich es wirklich wagen?* Der Anblick der Rutsche, die in der Dunkelheit wie ein riesiger, lodernder Schlauch emporragt, ist furchteinflößend und faszinierend zugleich. Misstrauisch betrachte ich das metallene Konstrukt, die lodernden Fackeln und die Flammen, die bedrohlich an den Seiten hochschlagen. *Na los, mach schon!* Der Geruch von heißem Wachs und verbranntem Holz steigt mir in die Nase, als ich durch den Rauch die Leiter nach oben klettere und die intensive Hitze mir den Atem raubt. Für einen Moment verharre ich unsicher auf der Spitze des Gerüsts, bis mich plötzlich der starke Drang erfasst, das Leben in all seiner Intensität zu spüren. Ich greife nach der Hand des Lichtflummis, drücke sie fest – und gemeinsam rutschen wir ins Ungewisse.

Hallo, Ich!

Sonnenstrahlen kitzeln meine Haut und in der Nähe plätschert Wasser. Die Luft riecht frisch, als wäre der Tag erst angebrochen, und eine sanfte Brise umspielt mich. Während die Sonne aufgeht, öffne ich mit einem leisen Seufzen meine Augen und bemerke, dass ich auf harten Steinstufen sitze. Die Kühle der Treppen kriecht mir in die Glieder und vertreibt im Nu meine Schläfrigkeit. *Mhm, ein neuer Ort, an dem ein weiteres Abenteuer auf mich wartet.* Vor mir erstreckt sich ein weitläufiger Platz, der historischen Charme versprüht und dessen Ambiente durch gemütliche Restaurants bereichert wird. Ich drehe mich um und entdecke einen prächtigen Brunnen, in dessen Mitte eine Statue auf einem erhöhten Sockel thront. Die aus weißem Marmor gemeißelte Figur erhebt sich majestätisch über kunstvoll gefertigte Pferde, Nymphen und Meereswesen. Staunend denke ich an meine Bucket List und mir dämmert, dass ich mich im Herzen von Florenz befinde, direkt vor der imposanten Fontana del Nettuno. Sofort erinnere ich mich an meinen Wunsch, das beste Gelato in Italien zu genießen, und mache mich auf den Weg, um es zu finden. Mit leichtem Schritt flaniere ich über das Kopfsteinpflaster der engen Gassen und verfolge, wie die Stadt in den frühen Morgenstunden erwacht. Die meisten Fensterläden sind noch geschlossen, dennoch begegnen mir bereits einige Menschen, deren Arbeitstag zeitig beginnt. Marktleute bauen ihre Stände auf und Kunstschaffende stellen an Knotenpunkten ihre Werke aus. Die Straßen sind durchzogen vom Duft gerösteter Kaffeebohnen, alter Gemäuer und eindrucksvoller Geschichte. *Da ist ja richtig was los!*

Ich spaziere an einem Haus vorbei, dessen Fenster im Gegensatz zu den anderen weit offen stehen. Munteres Stimmengewirr dringt nach draußen und zieht meine Aufmerksamkeit auf sich. Neugierig spähe ich hinein und sehe eine Gruppe von Leuten, die in einem Sesselkreis zusammensitzen. *Hä, die kenne ich doch!* Verblüfft betrachte ich die kleine Gesellschaft und mir wird schnell klar, dass es die Pariser Runde ist, die es ebenfalls hierher verschlagen hat. Statt Macarons knabbern sie nun Cantuccini und unterhalten sich angeregt. Prompt erinnere ich mich daran, wie ich selbst Teil dieser Gruppe war und wie ängstlich und nervös ich mich gefühlt habe. Die Erfahrung, in ihrer Mitte auf mein eigenes Ich zurückgeworfen zu sein, hat mich gefordert und überwältigt. *Merkwürdig, sie wirken gar nicht mehr so bedrohlich auf mich.* Während ich sie weiter beobachte, erspähe ich einen leeren Stuhl und spiele mit dem Gedanken, mich dazuzusetzen. *Vielleicht ist dieser Platz ja für mich reserviert?* Einige Sekunden lang bleibe ich unentschlossen stehen, ehe ich mich dagegen entscheide und weiterziehe.

Ohne Hast setze ich einen Fuß vor den anderen, bis ich mich unerwartet vor der berühmten Kathedrale Santa Maria del Fiore wiederfinde. Ich beschließe, mich eine Weile auszuruhen, setze mich auf eine der Bänke auf der Piazza del Duomo und bewundere die faszinierende Architektur. „Schön, dass wir uns wiedersehen!“, begrüßt mich plötzlich eine bekannte Stimme, und ich blicke in das strahlende Gesicht des Grünzeug-Fans vom Jakobsweg. „Ich freue mich, dich hier zu treffen“, erwidere ich überrascht. Gut gelaunt nimmt er neben mir Platz, zieht die Schuhe aus und streckt die Beine von sich. *Puh, an seine nackten Zehen werde ich mich niemals gewöhnen!* Für einige Minuten genießen wir schweigend die Aussicht und beobachten das lebhafte Treiben. Die Vertrautheit zwischen uns vermittelt mir das Gefühl, als wäre keine Zeit seit unserer letzten Begegnung verstrichen. „Unsere spontane Unterhaltung auf dem Jakobsweg hat mich begleitet. Du hast mich berührt und etwas in mir verändert", verrät er mir, während ein Grashalm gewohnt lässig in seinem Mundwinkel steckt. Seine Worte hallen in mir nach und ich spüre eine angenehme Wärme in meiner Brust. *Ich weiß gar nicht, was ich sagen soll.* Ehe ich antworten kann, steht der Grünzeug-Fan abrupt auf, schnappt sich seine Schuhe und winkt mir mit seinem schiefen Grinsen ein letztes Mal zu, bevor er barfuß davongeht. „Auch du hast mich verändert", flüstere ich, als seine Silhouette im Gewimmel der Menschen vor der Kathedrale verschwindet.

Mittlerweile ist die Stadt voller Leben und ich beschließe, meine Suche nach dem köstlichsten italienischen Eis fortzusetzen. Gedankenverloren schlendere ich durch die Straßen, bis mir ein charmantes Café abseits des Trubels ins Auge fällt. *Hier sieht es nett aus!* Spontan entscheide ich mich für einen weiteren Zwischenstopp, finde einen einladenden Platz unter einem aufgeklappten Sonnenschirm und bestelle einen Espresso. Wenig später platziert die Bedienung eine kleine Tasse vor mir, ich nehme einen Schluck und schmecke das herbe Aroma des heißen Getränks. Entspannt schließe ich für einige Sekunden die Augen und lausche dem fröhlichen Gelächter, das aus dem Café dringt. *Was ist das?* Plötzlich erregt das rhythmische Klackern einer Tastatur meine Aufmerksamkeit. Ich drehe den Kopf in die Richtung des Geräuschs und entdecke eine Person, die gebannt auf ihren Laptop-Bildschirm starrt und beim Schreiben alles um sich herum zu vergessen scheint. Neugierig mustere ich sie und habe sofort den Eindruck, ihr schon einmal begegnet zu sein. Konzentriert tippt sie vor sich hin und wirkt dabei heiter, fast aufgeregt. *Das gibt es ja nicht!* Völlig perplex erkenne ich, dass niemand anderes als der Tasten-Tornado aus Barcelona am Nebentisch sitzt. Ich brenne darauf, zu erfahren, ob er mit seinem Buch vorangekommen ist, und erinnere mich an seine ansteckende Begeisterung bei unserem letzten Treffen. Ohne zu zögern, springe ich auf und begrüße ihn überschwänglich. Nach einer herzlichen Umarmung zückt er umgehend sein Mobiltelefon, startet die Übersetzungssoftware und berichtet mir von der Fertigstellung des letzten Kapitels. Sein Enthusiasmus reißt mich erneut mit und ich frage interessiert nach, worum es geht. Mit einem stolzen Lächeln auf den Lippen tippt er auf dem Display und hält es mir kurze Zeit später entgegen: „Es handelt von Beziehungen – wie sie einerseits zerstören und andererseits heilen können", lese ich und lasse die Beschreibung auf mich wirken. *Wie recht er damit hat!*

Unweigerlich beginne ich, über meine bisherige Reise zu reflektieren und darüber nachzudenken, wie jede Etappe meiner abenteuerlichen Suche nach mir selbst mit einem besonderen Menschen und unserer einzigartigen Begegnung verbunden ist. Sogleich kommt mir meine treue Reisebegleitung in den Sinn, die mich bedingungslos akzeptiert, wie ich bin, wodurch ich mich selbst immer besser verstehen kann. Mir wird bewusst, wie sehr sie mich schätzt und mir Sicherheit gibt, fremde, beängstigende Gefühle zu entdecken, mich ihnen zu öffnen und sie anzunehmen. Dabei ist sie stets authentisch, unverfälscht und auf gleicher Augenhöhe. Ich erinnere mich an meine zahlreichen inneren Widersprüche und daran, wie ich langsam beginne, mich mit ihnen auseinanderzusetzen, weil die vertraute Stimme alles, was ich von mir zeige, anerkennt. Auf einmal sehne ich mich nach ihrer Nähe und frage mich, wann ich wieder mit ihr reden werde, als mein Gegenüber enthusiastisch in die Hände klatscht und seinen Laptop zuklappt. „Ich kann es kaum erwarten, dein Buch zu lesen!", gebe ich hastig in das Smartphone ein, ehe der Tasten-Tornado seine Habseligkeiten in eine ausgebeulte Tasche packt, sich von mir verabschiedet und beschwingt um die nächste Ecke biegt. Inspiriert von seiner Leidenschaft, kehre ich zu meinem Platz zurück. *Mhm, vielleicht gelingt es mir eines Tages tatsächlich, ein eigenes Buch zu schreiben.* Bei dieser Vorstellung grinse ich zufrieden und schlürfe den letzten Rest meines Kaffees.

Als die Servicekraft mit geübtem Handgriff das Geschirr abräumt und mir mitteilt, dass meine Rechnung bereits beglichen ist, fällt mein Blick auf ein vergilbtes Flugblatt auf dem Tisch. Überrascht betrachte ich das Papier, auf dem nur eine Zeile geschrieben steht: „Deine Existenz gleicht einem Kaleidoskop, in dem jede Beziehung ein einzigartiges Muster erzeugt." Mit gerunzelter Stirn lege ich das Blatt beiseite und lasse die Eindrücke meines Abenteuers erneut auf mich wirken. Für einen Moment rufe ich mir die Menschen ins Gedächtnis, die meinen Weg gekreuzt und einen Unterschied in meinem Leben gemacht haben. Ich denke an den Wutbrocken, den Tempo-Taifun, den Ballonmenschen und all die anderen, die mich auf ihre eigene Weise berührt haben. Langsam wird mir bewusst, dass ich mich wieder mehr öffnen kann, indem ich vorsichtig aus meiner Zurückgezogenheit heraustrete. Die Starre, die mich über viele Jahre begleitet hat, weicht einer ungewohnten Beweglichkeit, die mir neuen Antrieb gibt. Es ist, als würden sich unsichtbare Begrenzungen in mir auflösen und als würde ich einen besseren Zugang zu mir selbst finden. Das wilde Durcheinander an Emotionen zu Beginn meiner Reise entwirrt sich Stück für Stück, und ich empfinde wachsende Erleichterung. Ich mag mich mehr, bin zufriedener mit mir selbst und komme besser mit mir klar. *Huch, wer rast so verrückt durch die Gegend?* Plötzlich lässt mich das laute Knattern einer vorbeibrausenden Vespa aufschrecken und ich beobachte, wie das Flugblatt von der aufgewirbelten Luft davongefegt wird. *Geht's noch?* Verständnislos schüttle ich angesichts dieses riskanten Fahrstils den Kopf und besinne mich wieder auf meine Suche nach dem besten Eis in Florenz.

Ich spaziere los, vorbei an zahlreichen Geschäften, die handgefertigte Produkte und kulinarische Spezialitäten anbieten. Hingerissen von der Schönheit malerischer Plätze und prunkvoller Denkmäler, tauche ich in das italienische Lebensgefühl ein und bewundere das kulturelle Erbe dieser faszinierenden Stadt. Nach einer Weile bleibe ich zufällig vor einem Schild stehen, das ein Foto des berühmten Ponte Vecchio zeigt. Entschlossen schreite ich weiter und betrete bald einen Gehweg, der über den Fluss Arno führt und von kleinen Souvenirläden gesäumt ist. Während das Wasser unter der Brücke dahinströmt, stöbere ich in einem der Shops durch Flaschenöffner, Kühlschrankmagnete und Postkarten. Ich betrachte einen Briefbeschwerer in Form der Santa Maria del Fiore, als ohne Vorwarnung ein markerschütternder Schrei durch die Luft hallt. *Was geht da vor sich?* Erschrocken zucke ich zusammen und werfe einen Blick nach draußen. Direkt gegenüber sehe ich zwei Personen, die den Kopf in den Nacken legen, ihre Arme in die Höhe werfen und in einem ekstatischen Rausch um die Wette brüllen. Eine von ihnen kommt mir verdächtig bekannt vor. *Ein weiterer herrlicher Ort, um sich zu erleichtern!* Fasziniert bewundere ich die mitreißende Energie des Dezibel-Dynamos und die Unbekümmertheit, mit der er seinen Ruf über den Fluss Arno schickt. Ich denke an unsere skurrile Zusammenkunft auf dem Gipfel des Gunung Batur, während ich die beiden Gestalten mit ihrem beeindruckenden Lungenvolumen durch die Fensterscheibe mustere. Es dauert nicht lange, bis sie ausgelassen kichern und sich umarmen. *Fühlt sich gut an, oder?* Die Begleitung des Dezibel-Dynamos scheint genauso befreit zu sein wie ich damals, und ihr gelöster Gemütszustand ruft mir meine eigene heilsame Erfahrung inmitten der Vulkandämpfe ins Gedächtnis.

Nachdem die beiden weitergezogen sind, verlasse ich gut gelaunt den Souvenirladen und stapfe auf die andere Seite des Ufers. Unermüdlich tragen mich meine Beine durch die vielen verwinkelten Gässchen, bis sich der imposante Palazzo Pitti vor mir entfaltet. Meine Reise führt mich weiter in den dahinterliegenden Boboli-Garten, eine grüne Oase der Ruhe inmitten der urbanen Hektik. Etwas aus der Puste pausiere ich im Schatten eines Olivenbaums und genieße den betörenden Duft der Blumen, die das Areal mit ihrer Blütenpracht verzaubern. Lässig stütze ich mich gegen den robusten Stamm, staune über die lebendigen Farben der Natur und erfreue mich am fröhlichen Lachen von Fremden, die an mir vorbeiflanieren. „Vorsicht, die ist für dich!", vernehme ich unvermittelt eine vertraute Stimme, bevor eine dunkelfarbige Kiste durch das Blätterdach saust und direkt vor meinen Füßen landet. *Da ist sie wieder!* Verdattert trete ich unter den Ästen hervor und blicke nach oben. *Ach, du lieber Himmel!* Über mir schwebt niemand anderes als der Ballonmensch in seinem fliegenden Korb und wirft mir einen heiteren Luftkuss zu. „Achtung, das gehört mir!", warnt er mich keuchend und schleudert ein weiteres Paket in den Florentiner Stadtpark. Ich strahle ihn an und beuge mich hinunter, um meine Kiste vom Boden aufzuheben. Schnell öffne ich sie und schiele hinein: In dem Behältnis ist noch immer nichts, kein einziges Staubkorn liegt darin. Beinahe amüsiert nehme ich die unveränderte Leere in der Kiste wahr, doch gerade, als ich die Box schließen möchte, erscheint wie von Zauberhand eine Frage auf der Innenseite des Deckels: „Hast du dich schon mal gefragt, wer du bist, wenn du nichts und niemand sein musst?" Ungläubig kneife ich die Augen zusammen, doch die Schrift ist nach wie vor zu sehen. Ich wundere mich, was Realität und was Illusion ist, aber die Buchstaben bleiben deutlich sichtbar. *Das kommt mir irgendwie bekannt vor!* Kurz darauf katapultiert mich meine Erinnerung an den Ort zurück, an dem ich diese Worte das erste Mal gehört habe – auf den Gipfel des Kilimandscharo, zum Ausgangspunkt meiner abenteuerlichen Suche und zur ersten Begegnung mit meiner vertrauten Reisebegleitung. Nachdenklich lasse ich mich in die Wiese plumpsen, platziere die Kiste neben mir und beobachte, wie der Wind durch das Gras streicht. Ich lausche dem leisen Rascheln der Blätter und werde still. Ganz bei mir und am richtigen Platz – das ist, wo ich gerade bin. Ich fühle mich zufrieden und gut mit mir selbst.

Für eine Weile liege ich im Park, verschränke die Arme hinter dem Kopf und betrachte die Wolken. Dabei überlege ich, wie diese wundersame Reise mein Denken und Fühlen beeinflusst hat und wie ich mich als Person weiterentwickelt habe. *Huch, was für ein Prozess!* Und dann ist sie da, völlig unerwartet, meine Antwort auf die magisch erschienene Frage: „Wenn ich nichts und niemand sein muss, kann ich alles sein und alles werden." Wie ein Mantra wiederhole ich den Satz immer wieder, bis ich ihn schließlich lauthals durch den Boboli-Garten schreie und mir Tränen in die Augen schießen. In einem Rausch von Emotionen springe ich auf, ziehe meine Schuhe aus und tanze barfuß um den Olivenbaum. Bei jedem Laut fällt eine drückende Last von meinen Schultern, und obwohl ich mit beiden Füßen fest auf dem Boden stehe, fühle ich mich schwerelos. „Ich darf sein!", platzt es aus mir heraus, und zum ersten Mal seit Beginn meiner abenteuerlichen Suche ist es mehr als nur ein vager Gedanke – es ist eine tiefe Empfindung. Ich erkenne, dass jede Etappe meiner Reise notwendig war, um mehr zu mir selbst zu finden und diesen Punkt zu erreichen. *Vielleicht kann ich mich bald auch anderen so zeigen, wie ich wirklich bin.* „Es ist befreiend, Ballast abzuwerfen!", klingt die Stimme des Ballonmenschen in der Atmosphäre. „In diesem Moment bin ich frei!", rufe ich ihm als letzten Gruß auf seinem Flug zu und sehe ihn jenseits des Horizonts verschwinden. Benommen greife ich nach meinen Schuhen, wanke einige Meter vorwärts und sammle mich. *Jetzt muss ich nur noch das beste Gelato finden!* Gelöst verlasse ich den Boboli-Garten und nehme meine Jagd wieder auf.

Der Abend bricht an, die Strahlen der Sonne verblassen allmählich und tauchen die schmalen Gassen in ein goldfarbenes Licht. Eine angenehme Trägheit legt sich über meinen Körper, während ich gemächlich die Altstadt durchquere. Schläfrig strecke ich mich der Dämmerung entgegen und gähne ausgiebig. In den langen Schatten der umliegenden Gebäude schlendere ich an Menschen vorbei, die im letzten Tageslicht durch Florenz spazieren, bis ich in einem unachtsamen Moment mit jemandem am Straßenrand zusammenstoße. „Tut mir leid!“, murmle ich verlegen und blicke in ein bekanntes Gesicht. „Dich kenne ich doch“, stellt der Wutbrocken nüchtern fest, verliert jedoch schnell das Interesse an mir. Stattdessen ziehen zwei Personen, die sich mit einer Tüte Eis in der Hand von der kleinen Gelateria vor uns entfernen, seine gesamte Aufmerksamkeit auf sich. Sehnsüchtig leckt er sich die Lippen und wippt unruhig in der Warteschlange vor der Eisdiele auf und ab. „Viel zu viele Menschen! Haut doch alle ab! Ich will sofort mein Eis haben!“, jammert der Wutbrocken. Unweigerlich muss ich an unseren unbequemen Vorfall auf hoher See denken und kann mir ein Lachen angesichts seines unverändert ruppigen Verhaltens kaum verkneifen. *Gewohnt authentisch, aber nicht unbedingt sympathisch.* Fast schon belustigt stelle ich mich hinter ihn und erwarte, dass sich die Situation weiter zuspitzt, als ich auf einmal den Zornzwerg erblicke. Zögerlich zupft er am Ärmel des Wutbrockens und schlingt danach die Arme um seine Taille. „Es ist in Ordnung, dass du ungeduldig bist. Ich verstehe dich“, tröstet er seine erwachsene Begleitung. *Puh, damit habe ich nun wirklich nicht gerechnet!* Das Mitgefühl des Kindes und seine Fähigkeit, den Wutbrocken so anzunehmen, wie er ist, rühren mich. Hand in Hand warten die beiden jetzt gemeinsam, bis sie kurze Zeit später abwechselnd auf die cremigen Sorten in der Kühlvitrine zeigen und danach mit vollgefüllten Eisbechern an mir vorbeischlendern.

Endlich bin ich dran! Als mir die Person hinter dem Tresen meine Tüte reicht, streiche ich in Gedanken den letzten Punkt von meiner Bucket List und begebe mich zu einer abgeschiedenen Ecke vor dem Eissalon. Freudestrahlend nasche ich von meinem Gelato und schmecke, wie das Aroma von zarter Vanille meinen Gaumen umspielt. Sogleich nehme ich eine subtile Nuance von Bittersüße und eine cremige Textur wahr, während kleine Schokoladenstücke zwischen meinen Zähnen schmelzen. *Juchhu, geschafft! Aber was passiert als Nächstes?* Mit gemischten Gefühlen stelle ich fest, dass meine Suche nach dem besten Eis in Italien tatsächlich geglückt ist. Gleichzeitig frage ich mich, ob meine abenteuerliche Reise langsam zu Ende geht.

Nachdenklich schlecke ich an der letzten Kugel, als eine Vespa mit quietschenden Reifen heranbraust und vor mir stoppt. *Diesen ungestümen Fahrstil kenne ich! Den gleichen Motorroller habe ich bereits während meiner Kaffeepause gesehen.* Zügig klappt die Person am Steuer das Visier ihres Helmes nach oben und mir grinst, wenig verwunderlich, der Tempo-Taifun entgegen. „Spring auf, ich habe keine Zeit zu verlieren! Wir müssen uns beeilen!“, ruft er hektisch und deutet mir, auf die Vespa zu steigen. Flugs hüpfe ich auf den Knatterflitzer und wir düsen mit rasanter Geschwindigkeit durch die Straßen von Florenz. Angesichts seiner kühnen Überholmanöver klammere ich mich fester an ihn, während mir der Wind die Haare ins Gesicht peitscht. Restaurants, Cafés und Geschäfte ziehen so schnell an mir vorüber, dass ihre Umrisse verschwimmen, und mit jeder beschleunigten Sekunde scheint es, als ob wir die Stadt im Sturm erobern und der Freiheit hinterherjagen. Adrenalin schießt durch meinen Körper und ich fühle mich lebendiger denn je. Mitten in diesem Hochgeschwindigkeitsrausch breche ich unkontrolliert in einen inbrünstigen Freudenschrei aus, doch bevor sein Echo verhallt, tritt der Tempo-Taifun vor der nächsten Kurve beinahe reflexartig auf die Bremse. *Oje!* Mit voller Wucht pralle ich gegen seinen Rücken und rutsche dabei fast seitlich von der Vespa. „Die Zeit ist knapp!", schnaubt er unter dem Helm hervor und stellt den Roller in die nächste freie Parklücke. Gehetzt steigen wir ab und ich setze wie üblich zum Sprint hinter ihm an. Meine Fahrbekanntschaft bewegt sich zielstrebig durch die verschlungenen Gassen und ich versuche fieberhaft, mit ihr Schritt zu halten. *Moment mal, diese Route habe ich bereits zurückgelegt!* Hastig schreiten wir über die Piazza del Duomo und lassen die Kathedrale Santa Maria del Fiore hinter uns. Wir passieren Kunstschaffende, die ihre zuvor ausgestellten Kunstwerke eifrig zusammenpacken, und erreichen wenig später den Startpunkt meiner Florenz-Tour, die Fontana del Nettuno. Wie zuvor in Island, zückt der Tempo-Taifun seine Kamera und knipst flink die ersten Bilder. Ich beobachte, wie er kontinuierlich auf den Auslöser drückt, ehe er sich neben mich stellt und mir überraschend mitteilt: „Einmal noch zusammen den Neptunbrunnen sehen ..., das habe ich versprochen." „Wem hast du dieses Versprechen gegeben?", frage ich angesichts dieser unerwarteten Auskunft. „Einem Menschen ohne Zeit", erwidert er melancholisch. *Hm, so wie dem altersschönen Menschen?* Doch bevor ich diese Frage tatsächlich stellen kann, hat sich der Tempo-Taifun bereits mit einer flüchtigen Geste verabschiedet und eilt davon.

Wehmütig blicke ich ihm hinterher und setze mich anschließend mit müden Beinen auf die Treppen des Brunnens. Erschöpft stütze ich die Arme auf meine Oberschenkel, halte inne und realisiere plötzlich, wieso der Tempo-Taifun mit solcher Geschwindigkeit durch die Welt jagt: Er schenkt Menschen Zeit und macht dadurch einen Unterschied in ihrem Leben. Und nach all den nervenaufreibenden Fahrten, den gehetzt zurückgelegten Kilometern und unseren gestressten Zusammenkünften sehe ich ihn jetzt anders: In jedem von uns steckt mehr, als man auf den ersten Blick sehen kann – auch in ihm. Mir wird klar, warum der Tempo-Taifun so ist, wie er ist, und dass es ihn nicht kümmert, ob er mir gefällt. Endlich wird er greifbarer für mich, ich verstehe ihn nun besser und es gelingt mir, ihn mehr anzunehmen. *Da habe ich wieder einmal vorschnell meine Meinung gebildet! Kann ich mir selbst und anderen in Zukunft mit mehr Verständnis begegnen?* Während diese Überlegungen in meinem Kopf kreisen, trifft mich eine weitere Erkenntnis, die mich spürbar erfasst. Wenn ich es schaffe, ganz ich selbst zu sein, ohne Angst davor zu haben, etwas falsch zu machen, oder darüber nachzudenken, was andere von mir halten, würde ich mich zum ersten Mal in meinem Leben wirklich frei fühlen – authentisch, ohne Maske, echt. Ich müsste nicht mehr befürchten, demaskiert zu werden, und könnte offener auf andere zugehen. Sofort denke ich an das Gespräch mit dem Grünzeug-Fan auf dem Jakobsweg, meinen befreienden Schrei mit dem Dezibel-Dynamo und den aufwühlenden Flug mit dem Ballonmenschen – und daran, wie erleichternd es war, für einen Moment ganz ich selbst zu sein. Unvoreingenommen haben wir uns voneinander berühren lassen und einen Unterschied im Leben des anderen gemacht. *Erwarten mich ähnliche Begegnungen, wenn ich wieder zu Hause bin?*

„Du möchtest anderen mehr von dir geben ...“, vermischt sich die Stimme meiner vertrauten Reisebegleitung mit dem sanften Plätschern des Neptunbrunnens.

„Mir ist auf dieser Reise klar geworden, wie erfüllend es sein kann, anderen zu begegnen, und dass ich nicht mehr so große Angst haben muss, mich zu zeigen.“

„Du bist nun offener und freier in deinen Beziehungen.“

„Ja, es ist noch nicht lange her, da haben sich Beziehungen oft bedrohlich für mich angefühlt. Irgendwie konnte ich mir selbst und anderen nicht vertrauen. Das ist jetzt anders."

„Du hast dich verändert ... und es berührt mich gerade sehr, dich lächeln zu sehen."

„Das schönste Gefühl ist, dass ich nicht mehr für meine Eltern, sondern für mich lächle. Du hast mir dabei geholfen und ich bin dir sehr dankbar."

„Ich habe dich begleitet, die Arbeit hast du allein gemacht. Du hast entschieden, welche Orte wir besuchen, was du mir zeigen möchtest und welche Bedeutung es für dich hat. Dabei hast du mich durch dein Inneres geführt und mir erlaubt, deine ganz persönliche Welt kennenlernen."

„Dieses Abenteuer hat mir so viel über mich selbst gezeigt. Zurück zu Hause werde ich einiges ändern, um mein Leben in eine positive Richtung zu lenken."

„Du spürst jetzt besser, was du wirklich brauchst."

„Ja, es fühlt sich an, als wäre diese Reise die verrückteste und zugleich wichtigste Erfahrung meines bisherigen Lebens."

„Eine aufregende Expedition, eine wagemutige Unternehmung, eine fesselnde Entdeckungsreise, kurzum: ein verdammt faszinierender Trip ..."

„... in die stürmischen Tiefen meiner eigenen Gedankenwelt, in die unerforschten Regionen meiner inneren Landschaft, zu den verborgenen Schätzen meiner Persönlichkeit. Ach du meine Güte, was für eine aben-

teuerliche Suche, auf die ich mich mit dir begeben habe! Für mich war die Reise bisher ein stetiges Suchen und Erforschen, begleitet von plötzlichen Aha-Momenten. Ich habe ein Spektrum in mir entdeckt, das mir vorher nicht bewusst war."

„Du hast viel erlebt!"

„Oh ja, und es war superanstrengend, aufwühlend, aber auch extrem spannend und bereichernd."

„Es durfte alles da sein, so, wie es war."

„Mhm, und wenn ich jetzt zurückblicke, wird mir bewusst, dass es unsere einzigartige Beziehung war, die mir geholfen hat, diese Reise mit all ihren emotionalen Höhen und Tiefen und meinen inneren Kämpfen durchzustehen."

„Unsere Beziehung hat es für dich aushaltbarer gemacht."

„Auf meinem Weg habe ich einige verloren geglaubte Stücke von mir wiederentdeckt. Jetzt beginne ich, sie zu ordnen und damit die Leere in mir zu füllen."

„Das hat dich Schritt für Schritt näher zu dir selbst gebracht – bis du irgendwann vielleicht ganz bei dir ankommst."

„Mhm, eigenartig ... Obwohl ich noch so viel mehr auf dieser wundersamen Tour erleben möchte, spüre ich plötzlich, dass es Zeit ist, zurückzukehren."

„Es fühlt sich so an, als ob unser Abschied naht. Unser gemeinsamer Weg neigt sich dem Ende zu."

„Ich wusste, dass dieser Moment irgendwann kommen würde, aber jetzt, wo er da ist, trifft es mich doch härter als gedacht. Es tut weh, dir Lebewohl sagen zu müssen. Ich werde dich und unsere Gespräche vermissen. Während unserer gemeinsamen Zeit habe ich mich mehr mit der Welt verbunden gefühlt."

„Unsere Wege trennen sich, aber die Spuren, die du in mir hinterlassen hast, bleiben bestehen."

„Und genauso wird dein Echo für immer in mir nachklingen."

„Wir haben beide etwas riskiert. Es war auf jeder Seite ein Sich-Einlassen, ein Sich-Berühren-Lassen – das hat uns beide verändert. Dafür danke ich dir!"

„Hä, wie ... wie meinst du das ... Was haben wir riskiert?"

„Wir haben uns geöffnet und sind das Risiko eingegangen, Teil einer einzigartigen Beziehung zu werden, die wir gemeinsam entworfen und gestaltet – und, nicht weniger riskant, gemeinsam reflektiert haben."

„Für mich war unsere Reise etwas ganz Besonderes – so vieles hatte Platz."

„All das war möglich, weil du dir den Raum dafür genommen und dich mutig gezeigt hast."

„Das konnte ich nur, weil du so bist, wie du bist."

„Adieu!“, verliert sich sogleich der letzte Gruß der mir liebgewonnenen Stimme wie ein zartes Flüstern im Wind.

„Arrivederci, treue Reisebegleitung!“, sende ich meine Worte in den weiten Himmel Italiens.

Nun sitze ich hier, allein auf den Stufen der Fontana del Nettuno. Eingehüllt von einer Stille, die intensiver wirkt als jemals zuvor, lasse ich meinen Blick betrübt umherwandern. Die Stadt wirkt verlassen, keine Menschenseele ist in Sicht. Während ich beobachte, wie sich das Mondlicht im Wasser des Brunnens spiegelt, kriecht mir abermals die Kühle der Steintreppen in die Glieder. Schwerfällig drehe ich meinen Kopf zur Seite und sehe plötzlich, wie sich ein leuchtender Punkt aus der Dunkelheit löst und sich auf mich zubewegt. Er kommt immer näher und verwandelt sich bald in eine wirbelnde Gestalt, die von Kopf bis Fuß in Neonfarben erstrahlt. *Was für eine Überraschung!* Meine Gedanken fliegen sofort zurück nach Thailand, an meine lebhafte Bekanntschaft aus Koh Phangan. *Das gibt's doch nicht*! Schnurstracks hüpft der Lichtflummi an mir vorbei und tanzt ausgelassen um die Fontana del Nettuno. Ich will ihn begrüßen und gehe auf ihn zu, doch er scheint mich nicht zu bemerken. Wie in Trance dreht er sich um den Brunnen, und ich erkenne, dass er ein Schild in seinen Händen hält. Mit rhythmischen Bewegungen schwingt er es durch die Luft und mir fällt auf, dass etwas darauf geschrieben steht. Gebannt lese ich die in grellen Buchstaben verfassten Sätze, die ungestüm umherschwirren: „Schon in jungen Jahren habe ich erkannt, dass ich eher Zuneigung bekomme, wenn ich mich den Erwartungen anderer anpasse, anstatt ich selbst zu sein.

Daher habe ich mir eine äußere Fassade zugelegt, über die ich in Beziehung zur Welt getreten bin – mein wirkliches inneres Selbst konnte sowieso niemand lieben. Anfangs war diese Fassade noch relativ durchlässig, eine bewusste Rolle, die ich spielte, im Wissen, dass mein wahres Ich ganz anders war als das, was ich nach außen hin zeigte. Doch je mehr Zeit verging, desto mehr zog ich mich zurück, versteckte mich zunehmend, und meine Angst, dass andere mich so sehen, wie ich wirklich bin, wurde immer stärker. In Wahrheit schämte ich mich für mein wahres Ich und fragte mich ständig, warum ich mich so fühlte. Also baute ich eine Mauer um mich herum, um mich vor den anderen zu schützen, schloss mich aber gleichzeitig selbst ein. Das machte ich so viele Jahre, dass ich irgendwann nicht mehr wusste, wer ich eigentlich war – mein wahres Ich geriet völlig in Vergessenheit."

Nachdem ich das letzte Wort überflogen habe, schleudert der Lichtflummi das Schild zwischen seinen Beinen hindurch, wirft es nach oben und zeigt mir nun die Rückseite. Aufmerksam wandern meine Augen über die Zeilen: „An diesem Ort möchte ich versuchen, ich selbst zu sein – das beschloss ich am Lagerfeuer, zwischen brennenden Seilen, Ukulele-Klängen und neonfarbenen Silhouetten. Ich wollte nicht länger hinter dieser Fassade leben – dem Gesicht, das ich der Welt bisher gezeigt habe – und legte sie ab, um mir selbst endlich ehrlicher begegnen zu können. Als ich aufhörte, mich anzupassen, fühlte es sich zunächst ungewohnt, aber befreiend an. Gleichzeitig war ich ängstlich, zweifelte, fühlte mich entblößt und verwundbar. Was, wenn ich nicht gemocht werde? Was, wenn ich nicht gut genug bin, so, wie ich bin? Doch je mehr ich mich selbst zeigte, desto eher fand ich Menschen, die mein wahres Ich akzeptierten, und diese Verbindungen empfand ich als so viel authentischer und tiefer. In dieser Echtheit lag eine Kraft, die ich vorher nicht kannte. Jeden Tag verstehe ich besser, dass ich wertvoll bin, so, wie ich bin, und dass ich nicht perfekt sein muss. Ich stelle mich weniger infrage und habe immer mehr das Gefühl, dass ich einfach sein darf."

Unfassbar! Ich erkenne mich in jeder dieser Zeilen wieder. Meine Augen beginnen zu brennen und meine Brust schnürt sich zusammen. Ich spüre einen Kloß im Hals, als dem Lichtflummi nach dem nächsten Sprung das Schild aus der Hand gleitet und es direkt vor mir liegen bleibt. Instinktiv bücken wir uns und greifen gleichzeitig danach, unsere Fingerspitzen berühren sich kurz, während ich in sein kunstvoll bemaltes Gesicht blicke. Eine neonfarbene Träne rinnt über seine Wange und die Muster auf seiner Haut verlaufen erneut ineinander. In diesem Moment scheint die Zeit stillzustehen, unwirklich eingefroren, und ich fühle eine starke Verbindung zwischen uns. „Ich sehe dich", flüstere ich ergriffen, ehe mir der Lichtflummi ein warmes Lächeln schenkt, das Schild an sich drückt und aufsteht. *Halt! Wo willst du hin?* Schockiert beobachte ich, wie er sich mit einer abrupten Drehung abwendet, zu den Steinstufen sprintet und mit einem Kopfsprung in die Fontana del Nettuno eintaucht. Schnell stürze ich hinterher, um ihn aus dem Brunnen zu ziehen, doch meine Bekanntschaft aus Kho Phangan ist verschwunden. Das Einzige, was von ihr bleibt, sind leuchtende Muster, die wild auf der Wasseroberfläche tanzen. *Mach's gut, Lichtflummi! Ob wir uns jemals wiedersehen werden?*

Bedrückt setze ich mich auf die Treppen und seufze schwer. Zum ersten Mal seit Langem verspüre ich Sehnsucht nach einer vertrauten Umgebung und meinem eigenen Bett. Ich weiß nicht, wie ich den Weg nach Hause finden soll, und bin ratlos angesichts dieser ungewissen Lage. Müde erinnere ich mich an die zahlreichen Stationen meiner abenteuerlichen Suche, als mir der Notizzettel in meiner Hosentasche einfällt. Vorsichtig ziehe ich das Papier hervor, falte es auseinander und beginne, meine Aufzeichnungen zu lesen. Ich bemerke, dass ich die Einsichten meiner Reiseetappe in Florenz noch nicht festgehalten habe, und fange im Schein der Sterne zu schreiben an: „Wenn ich nichts und niemand sein muss, kann ich alles sein und alles werden." Während ich die letzten Buchstaben auf das Blatt kritzle, wird mir schmunzelnd bewusst, dass meine jüngste Erkenntnis nicht aus einem der vielen Gespräche mit meiner körperlosen Reisebegleitung stammt. Beinahe ungläubig und mit etwas Stolz, stecke ich das Papier ein und verschränke die Arme vor der Brust.

Erst jetzt fällt mir auf, wie sehr ich fröstle, und ich beschließe, vor dem Brunnen auf und ab zu gehen. *Hä, woher kommt dieses Geräusch?* Plötzlich höre ich ein seltsames Schrillen aus der Ferne und spüre einen Anflug von Vertrautheit. *Merkwürdig!* Je lauter das Klingeln wird, desto weniger habe ich den Eindruck, allein hier zu sein. „Es ist an der Zeit!", erklingt die Stimme meiner liebgewonnenen Reisebegleitung unvermittelt hinter mir. Und obwohl sie sich während meiner abenteuerlichen Suche niemals gezeigt hat, bin ich fest davon überzeugt, dass ihr in dieser Sekunde ein Lächeln über die Lippen huscht. Dann wird alles dunkel. Ich verliere das Bewusstsein.

Epilog

Mein Körper ist in gemütlichen Stoff gehüllt und ich liege auf einer weichen, bequemen Fläche. Das Material unter meinem Kopf ist geschmeidig und ein vertrauter Duft steigt mir in die Nase. Ich öffne die Augen, drehe mein Gesicht zur Seite und fixiere benommen einen metallenen Gegenstand auf einem kleinen Tisch. *Moment mal, dieses Geräusch habe ich doch gerade gehört!* Als mein Wecker erneut schrill klingelt, realisiere ich, dass ich mich wieder in meinem Bett befinde. *Wie schade! Die abenteuerliche Suche nach meinem eigenen Ich ist tatsächlich vorbei.* Eine Weile starre ich frustriert an die Zimmerdecke, bevor ich die vielen Begegnungen noch einmal aufleben lasse, die mich auf meiner Reise berührt haben. Ich wünschte, ich hätte noch mehr Zeit mit ihnen verbringen können. *Was raschelt da?* Prompt spüre ich die raue Beschaffenheit von Papier zwischen meinen Fingern, ziehe erstaunt die Hände unter der Bettdecke hervor und bemerke, dass ich den Zettel mit meinen Notizen fest umklammert halte. *Habe ich das etwa nicht geträumt?* Mit klopfendem Herzen falte ich das Blatt auseinander und lese meine krakeligen Sätze. *Eigenartig, wer hat das ergänzt?* Plötzlich ziert die auffällige Überschrift „Bucket List 2.0“ meine Aufzeichnungen. Gespannt lese ich:

Bucket List 2.0

1. Ich wünsche mir tiefe, bedeutungsvolle Beziehungen, in denen ich verstanden und akzeptiert werde.

2. Verschiedene Gefühle können nebeneinanderstehen, ohne einander auszuschließen.

3. Aus- statt entsprechen.

4. Vielleicht kann in der Annahme der Unzufriedenheit das erste Mal der Keim für echte Zufriedenheit schlummern.

5. Meinen Schmerz zu teilen, würde anderen ermöglichen, ihn zu verstehen und zu fühlen.

6. Ich sehne mich danach, mich wieder mit mir selbst zu verbinden, aber ich habe das Gefühl, dass ich verloren gegangen bin, irgendwo auf meinem Weg.

7. Alles sein, ohne gefallen zu müssen.

8. Kein Entkommen bedeutet auch gleichzeitig kein Ankommen.

9. Jeder Mensch ist einzigartig – nicht nur anders als ich, sondern auch anders als alle anderen.

10. Wenn ich nichts und niemand sein muss, kann ich alles sein und alles werden.

Ich darf sein.

Behutsam lege ich den Zettel auf mein Nachtkästchen, streiche ihn sorgfältig glatt und steige aus dem Bett. Auch wenn ich wieder in meinem Alltag zurück bin, freue ich mich plötzlich auf den neuen Tag. Anders als sonst bin ich nicht erschöpft und kraftlos, sondern bereit für das, was vor mir liegt. Ich weiß, dass mein Leben noch nicht so ist, wie ich es mir vorstelle, aber jetzt habe ich die Hoffnung, dass es besser werden kann. Während ich meiner morgendlichen Routine nachgehe, denke ich an meine vertraute Reisebegleitung und an all unsere Gespräche, die einen Unterschied für mich machen. Mit einer starken Gewissheit spüre ich, dass sich vieles in meinem Leben ändern wird, weil ich mich verändert habe und mir selbst mehr vertraue. Ich fühle mich wieder mehr in der Lage, mir selbst zu helfen, und ich nehme mir vor, meinen Weg Schritt für Schritt fortzuführen, um noch mehr bei mir selbst anzukommen. *Ob sich der Pfad der körperlosen Stimme noch einmal mit meinem kreuzen wird?* Gelassen trete ich wenig später aus dem Haus, blicke auf meine Uhr und bemerke, dass ich erst fünfundvierzig Minuten wach bin – für mich fühlt es sich wie der Beginn einer neuen Reise an, auf der ich versuchen möchte, alle Punkte meiner Bucket List 2.0 zu erfüllen. Mit einem Lächeln breite ich im Gehen die Arme aus – ich könnte die ganze Welt umarmen.

Nachwort

Unser Wunsch, einen positiven Unterschied im Leben anderer zu machen, begleitet uns schon lange – im Sommer 2023 fand er schließlich Ausdruck in der Idee für dieses Buch. Ohne zu zögern, stürzten wir uns in eine abenteuerliche Reise, die unser Leben über ein Jahr hinweg spürbar veränderte und uns mehr abverlangte, als wir jemals gedacht hätten.

Während dieser Zeit setzten wir uns intensiv mit der Frage auseinander, für wen wir die Suche nach dem eigenen Ich in Form einer Geschichte schreiben wollten. Schnell wurde uns klar, dass wir selbst ein Teil davon sind: Menschen, die sich oft anders fühlen, die auf ihre eigene Weise denken, die die Welt aus einer besonderen Perspektive wahrnehmen, auf ihre eigene Art mit anderen in Beziehung treten und sich häufig nicht ganz zugehörig fühlen. Dieses Anders-in-der-Welt-sein zog sich durch unser Leben, doch in den Stunden, Tagen und Wochen vor dem Bildschirm fanden wir einen Ort, an dem wir wirklich wir selbst sein konnten und uns als normal verstanden. Mittlerweile haben wir gelernt, unsere Einzigartigkeit besser anzunehmen, und können dadurch die Vielfalt in uns allen noch mehr wertschätzen. Deshalb soll dieses Buch in keine Schublade passen – genauso wenig wie wir, und wie du.

Unsere Hauptfiguren wandern zwischen Realität und Fantastik, haben kein festes Geschlecht und, im Fall der vertrauten Stimme, keine greifbare Gestalt. Die Erzählung lebt von beschreibenden Passagen, doch ihr Kern sind tiefgehende Gespräche. Sie bewegt sich zwischen Fachliteratur, Belletristik und vor allem einer großen Portion Gefühl. Schließlich fanden wir für uns selbst eine Einordnung, die über das Gewöhnliche hinausgeht: ein therapeutischer Roman.

Mit diesem Buch wollen wir keine fertigen Antworten liefern, sondern den Prozess, den das Ich durchläuft, mit dir teilen. Es ist eine Einladung, mehr Bewusstsein und Klarheit in dir zu finden, darüber nachzudenken und zu erleben, wer du bist, was dir entspricht und was sich für dich stimmig anfühlt – oder eben nicht. Dieser Prozess ist auch am Ende der abenteuerlichen Reise noch nicht abgeschlossen: Er markiert vielmehr den Beginn einer neuen, aufregenden Suche.

Die Vision, ein Buch zu schreiben, dessen Zeilen die Welt umarmen, war von Anfang an nicht nur unser Anspruch, sondern auch ein Versprechen an uns selbst. Der kreative Prozess war intensiv, löste viel in uns aus und führte dazu, dass wir den Text immer wieder überarbeiteten und an unsere persönliche Entwicklung anpassten. Mit der Veröffentlichung endet diese Phase unseres Schaffens, wohl wissend, dass unser inneres Wachstum weitergeht. Dieses Buch spiegelt unsere gegenwärtige Entwicklung wider, im Bewusstsein, dass wir uns auch in Zukunft weiter entfalten und verändern werden.

Nun, da wir unser Buch vollendet haben, erkennen wir: Wir haben durchgehalten, uns selbst herausgefordert und Geduld bewiesen, auch wenn die Worte manchmal nur schwer und zögerlich aus uns hervorkamen. Die Freude am Schreiben hat uns getragen und wir sind stolz auf das, was wir erreicht haben. Zugleich bleibt die leise Angst, dass unsere Worte, die uns so viel bedeuten, womöglich nicht die Resonanz finden, die wir uns erhoffen. Diese Unsicherheit begleitet uns, doch sie stellt den Kern unserer Arbeit nicht infrage. Inzwischen wissen wir aus Erfahrung, dass Selbstzweifel bei kreativen Projekten für uns dazugehören, weil wir so viel von uns selbst in unsere Arbeit einfließen lassen, viel von uns hergeben und uns zeigen.

Am Ende zählt vielleicht gar nicht so sehr, was andere über unser Buch denken oder wie sie es aufnehmen. Vielmehr könnte es für uns darum gehen, dass wir unser Herzensprojekt gemeinsam vollendet haben – und genau das ist, was wirklich zählt. Für uns bedeutet es die Welt, einander zu haben, denn dieses Buch, das du jetzt in Händen hältst, konnte nur durch unsere enge Verbindung und tiefe Verbundenheit hervorgehen. Gleichzeitig steht jede von uns für sich als eigenständige Person mit ihrem Sein und ihren individuellen Stärken, was unseren gemeinsamen Schreibprozess geprägt und bereichert hat.

Wir hoffen, dass du in diesem Buch mehr als nur Worte auf Papier findest – vielleicht eine tiefgreifende Erfahrung, die Spuren in dir hinterlässt. Auf deiner Bucket List 2.0 bist du der funkelndste Stern, ein nie endendes Abenteuer in deinem einzigartigen So-Sein. Danke, dass wir dich ein Stück deines Weges begleiten durften. Das Schreiben dieses Buches hat eine bedeutende Veränderung in unser Leben gebracht, und wir wünschen uns, dass es vielleicht auch für dich einen positiven Unterschied macht. Wo immer du dich auf deiner Reise gerade befindest, schließen wir dich in deiner Ganzheit in eine wärmende Umarmung.

C'est bien d'être toi-même, car il n'y a personne d'autre comme toi.

Unsere Geschichte

Beziehung. Prozess. Veränderung.

Also, die Geschichte hinter diesem Buch? Über ein Jahrzehnt in ein paar Seiten quetschen – das klingt doch machbar? Oder gelingt es mir eher, einen Elefanten in einen Handkoffer zu packen? Ach ja, ich bin übrigens Elena. Dann mal los …

Große Spiegelflächen umrahmen den rechteckigen Saal und sanftes Licht strömt durch die Fensterfront an der Längsseite des Raums. Der Parkettboden knarrt unter den Schritten der Menschen, die sich an diesem Wochenende für einen Tanzkurs am Wiener Universitätssportinstitut, kurz USI Wien, eingefunden haben. Vor der versammelten Gruppe steht eine junge Frau Mitte zwanzig, sie trägt Sportkleidung und hat die Haare zu einem festen Dutt zusammengebunden. Lächelnd stellt sie sich vor, geht dann zum Wandschrank, in dem sich die Steuerung der Soundanlage befindet, und startet den ersten Song. Etwas weiter hinten stehe ich, eine 18-jährige Studentin, mit einem Totenkopf-Shirt und Locken, die mir über die Schultern fallen. Schon bald beginne ich, meine Hüften im Takt der Musik zu bewegen, und fühle mich immer lockerer. Neugierig beobachte ich die Kursleiterin Petra, und für einen kurzen Moment begegnen sich unsere Blicke im Spiegel – noch ahnen wir nicht, dass dieser Tag unser Leben für immer verändern wird.

Hm, das ist wirklich schon eine Ewigkeit her. Wann war das noch gleich? Ach ja, im Frühjahr 2011! Die Zeit verfliegt ... Aber wie geht es weiter?

Draußen ist es dunkel und die Sportanlage wirkt nahezu verlassen. Nur aus dem Saal, in dem sich meine Tanzgruppe gerade müde, aber zufrieden von Petra verabschiedet, dringt noch Licht. Als ich an ihr vorbeigehe, winkt sie mir lächelnd zu und erwähnt, dass sie kürzlich eine Showgruppe gegründet hat. Sie lädt mich zum nächsten Training ein und ehe ich mich's versehe, habe ich spontan zugesagt.

Wer hätte gedacht, dass wir nur wenig später gemeinsam auf Bühnen in Österreich und Deutschland tanzen?

Stundenlang schwitzen wir bei Trainings für Auftritte auf Tattoo-Conventions, Messen, Festen und anderen Events, während wir anspruchsvolle Chair-Dance-Choreografien einstudieren. Oft treffen wir uns in einem kleinen Kellerlokal, versteckt in einem Hinterhof, oder in Petras erster eigener Wohnung – bis eines Tages sogar die Polizei anklopft. Wir filmen unsere Shows, analysieren jeden Fehler und beginnen immer wieder von vorn. Unsere Übungseinheiten ziehen sich manchmal so lange hin, dass wir erst um Mitternacht aufhören, noch eine riesige Portion Spaghetti verdrücken und ich bei Petra übernachte, die am nächsten Morgen wie gewohnt ihren Dienst als Sonderschullehrerin antritt.

Wochenlange Vorbereitung für eine Darbietung, die nur für ein paar unvergessliche Momente hält ..., dieser Rausch, sich vollkommen lebendig zu fühlen – einfach unbeschreiblich!

Als wir die Bühne betreten, blenden mich sofort grelle Scheinwerfer und ein Adrenalinstoß durchzuckt mich. Mein Lederoutfit schmiegt sich eng an meine Haut, während ich durch den Dunst des künstlichen Nebels blicke, der in der Luft hängt. Neben mir strahlt Petra dem Publikum entgegen – ich spüre, dass sie diesen Augenblick genauso intensiv erlebt wie ich. Die Lautsprecher knistern, bevor eine durchdringende Stimme unsere Performance ankündigt und die Menge begeistert zu klatschen beginnt. Plötzlich setzt die Musik ein. Die ersten Takte dröhnen durch die riesige Halle der Tattoo-Convention in Erfurt und vermischen sich mit dem konstanten Surren von Tattoonadeln. Nahtlos fügen sich die Stühle in unsere Choreografie ein und werden zur Verlängerung unseres Körpers: Wir tanzen um sie herum, vollführen akrobatische Posen und nutzen sie für spektakuläre Moves. Auf dem unebenen Holzboden drehen wir uns, formieren uns neu und begeistern die Zusehenden. Mit jeder Bewegung geben wir alles, bis der letzte Ton verklingt, eine kurze Stille einsetzt und schließlich donnernder Applaus die Halle erfüllt. Ich atme tief ein, bin erschöpft, aber fühle mich so lebendig wie nie zuvor. Gemeinsam mit Petra verbeuge ich mich, unsere Haut glänzt vor Anstrengung und wir sind vollkommen aus der Puste. Nachdem wir den Leuten ein letztes Mal zugewinkt haben, huschen wir schnell in den Backstage-Bereich, wo wir auf eine Band treffen, die auf ihren Auftritt wartet. Überrascht starren uns die Musizierenden an, als sie sehen, dass wir schweißgebadet sind, und wir wundern uns, dass ihnen nicht aufgefallen ist, wie viel Kraft uns die Show gekostet hat.

Ähm, hallo? Eine 20-minütige Choreografie auf diesem Niveau ist definitiv Hochleistungssport! Das klingt nicht nur anstrengend, es war es auch. Da kommt uns eine Idee: Würden andere Menschen unsere Tanzroutine vielleicht auch als Fitnesskurs mitmachen?

Neben unseren Performances bieten wir schon bald Tanzworkouts in verschiedenen Wiener Fitnesscentern an, die sogar in österreichischen Zeitungen Erwähnung finden. Dabei nutzen wir vorwiegend Sessel als Trainingsgeräte und plündern ganze Möbelhäuser, sobald wir besonders stabile und robuste Stühle entdecken. Parallel dazu wachsen unsere Kurse am USI Wien kontinuierlich und in Zusammenarbeit mit dem Verein Bewegtes Lernen führen wir innovative Bewegungseinheiten in Wiener Volksschulen durch.

Hey, da geht noch mehr!

2014 wird ein bedeutendes Jahr für uns – wir eröffnen unser eigenes Tanzstudio, das Revue Workout Studio in Wien. Hier können Frauen fortan mit Sessel, Schirm und Fächer tanzen und in kurzweiligen Einheiten bei mitreißender Musik ihre Fitness verbessern.

Uff, wie beschreibe ich einen Ort, der über Jahre hinweg der Mittelpunkt unseres Lebens war und uns durch Höhen und Tiefen geführt hat? Und wie halte ich all die einzigartigen Momente fest? Ich bin mir nicht sicher, ob mir das gelingen wird.

Eine Schiebetür gleitet zur Seite und frischer Wind strömt in das kleine, gemütliche Ecklokal mit den pinkfarbenen Streifen auf der Fassade. Im vorderen Bereich des Tanzstudios entspannen einige Frauen auf einem kleinen Vorsprung vor den breiten Fensterfronten, während aus der Garderobe fröhliches Gemurmel dringt und sich am Empfang Teilnehmerinnen für die kommenden Kurse anmelden. Das Studio hat inzwischen zwei Jubiläen gefeiert, und eine herzliche Gemeinschaft trifft sich hier mehrmals wöchentlich. Sobald der Zeiger der Wanduhr auf die nächste volle Stunde springt, geht es los: Wir besetzen die beiden Tanzräume, zeigen Bewegungen vor und tanzen mit den Gruppen zu mitreißenden Beats. Dabei gehen wir tief in die Knie und wackeln, was das Zeug hält, bis uns der Schweiß auf der Stirn steht. Seit der Sommerpause 2016 gibt es eine bedeutende Neuerung: Wir heißen nun „Ti: Kju – Twerk & Dance" und unser Programm umfasst zahlreiche Twerking-Stunden und sogenannte TwerkOuts. Schon vorher hatten wir diesen Tanzstil für uns entdeckt und schnell gemerkt, wie viel Freude uns diese tänzerische Herausforderung bereitet. Twerking hat seine Wurzeln in traditionellen afrikanischen Tänzen und wurde im Laufe der Zeit insbesondere in afroamerikanischen Communities in den USA populär. Wir fragen uns, ob es angemessen ist, als weiße Frauen in Europa mit all den damit verbundenen Privilegien Twerking-Kurse anzubieten. Kontinuierlich reflektieren wir, wie wir diese Tanzrichtung mit Respekt und Verantwortung vermitteln können. Letztendlich entscheiden wir uns, unser Angebot dauerhaft zu erweitern und unsere Begeisterung für diesen Tanz weiterzugeben, da wir glauben, dass die Auseinandersetzung mit unterschiedlichen kulturellen Ausdrucksformen zur Vielfalt beiträgt. Unsere Kurse bieten nicht nur ein intensives Training, sondern auch die Möglichkeit, das eigene Körpergefühl zu stärken. Sie vereinen Spaß, Fitness und Tanztechnik: Die Teilnehmerinnen durchlaufen anspruchsvolle Einheiten und verlassen unsere Stunden erschöpft, aber zufrieden. Viele Frauen beginnen, ihre vermeintlichen Schönheitsmakel in einem neuen Licht zu sehen, und ihr Selbstbewusstsein wächst allmählich – auch wenn es in der Gesellschaft oft Vorurteile gibt, weil wir diese Tanzrichtung lehren.

Trotzdem machen wir weiter …

Wir etablieren uns im deutschsprachigen Raum, bieten Kurse in Österreich und Deutschland an und sind in zahlreichen Medien- und TV-

Beiträgen, darunter auch bei Puls 4, vertreten. Wir tanzen in Musikvideos und starten unsere eigene TwerkOut-Trainer*innen Ausbildung, für die Interessierte oft weite Anreisen in Kauf nehmen.

Vorsicht, Zeitsprung! Wie sonst soll ich das alles auf ein paar wenige Seiten packen? Ähm, vielleicht kommt gleich auch Dieter Bohlen vor.

Grelle Lichter blenden uns, als wir im Jahr 2017 durch einen langen Gang schreiten, gefolgt von einem Kamerateam, das alles aufzeichnet. Wir tragen lange schwarze Hemden, elegante Hüte und auffälliges Make-up. Die wenigen Schritte zur Plattform kommen uns wie eine Ewigkeit vor, bis wir schließlich auf eine riesige Bühne treten und drei bekannte deutsche Promis an einem Tisch erblicken. Dahinter warten Hunderte Menschen auf den Tribünen, ihre Blicke neugierig auf uns gerichtet. Wie in Trance wechseln wir ein paar Worte mit der Jury, stellen uns dann in einer Reihe auf, und für einen Moment herrscht völlige Stille, ehe plötzlich ein jazziger Sound und eine samtige Frauenstimme aus den Lautsprechern erklingen. Mit einem breiten Grinsen verstecken wir unsere Aufregung, blenden die vielen Leute aus und fangen an, zu tanzen. Doch nur wenige Sekunden später dröhnt ein schriller Beat durch das Studio und mit einem Mal wird es dunkel im Saal. Im Schwarzlicht reißen wir uns die Hemden vom Körper und beginnen, mit unseren neonbemalten Hinterteilen zu wackeln.

Nein, das ist kein Scherz! Wie diese verrückte Idee entstanden ist, wissen wir selbst nicht mehr – und auch an diesem Tag fragen wir uns mehrfach, was wir hier eigentlich machen.

In fließenden Formationen wirbeln wir über die Bühne, schwingen uns in akrobatische Posen, lassen unsere leuchtenden Neonfarben im Dunkeln strahlen und unterhalten das Publikum. Kaum jemand ahnt, dass wir in der Nacht zuvor aus Frust einen Drink nach dem anderen geleert haben, weil der Ausfall einiger Tänzerinnen uns fast dazu gebracht hätte, abzureisen und unsere Neon Booty Show nicht bei „Das Supertalent" zu präsentieren. Doch dank der Überredungskünste eines Managers und einer spontanen Neugestaltung unserer Choreografie stehen wir nun verkatert vor Dieter Bohlen, Bruce Darnell und Nazan Eckes, um uns tatsächlich einen der heiß begehrten Sterne abzuholen. Völlig erschöpft, aber voller Stolz, verlassen wir Bremen und bringen eine Trophäe nach Hause, die uns bis heute an unseren Mut erinnert.

Ich würde sagen, diese Geschichte war bis hierhin schon ziemlich aufregend. Aber dazu gehören auch die Momente, in denen alles schiefgeht – und das am besten noch vor laufenden Kameras, die jedes Detail festhalten, während Richard Lugner, Österreichs bekanntester Bauherr, live mit uns auf der Bühne steht. Er ist im August 2024 im Alter von 91 Jahren – und vor der Veröffentlichung dieses Buches – verstorben. Alles Gute auf der anderen Seite, lieber Mörtel. Ruhe in Frieden.

Am ersten Mai-Samstag im Jahr 2018 herrscht in den Geschäften der Lugner City reges Treiben. Der Hauptplatz des Wiener Einkaufszentrums, von den verschiedenen Stockwerken gut einsehbar, bildet das Herzstück des Gebäudes. In seiner Mitte steht eine metallene Bühne, leuchtend in Türkis gestrichen, und dahinter ragen zwei Aufzüge in die Höhe. An diesem Tag haben wir uns vorgenommen, hier einen Weltrekord zu brechen: die meisten Menschen gleichzeitig twerken zu lassen. Dafür tragen wir weißblonde Bob-Perücken, herzförmige Brillen und weinrote Hosen, auf denen eine Karikatur von Richard Lugners Gesicht unsere Pobacken ziert. Ehe es losgeht, steigt der Bauherr sogar zu uns auf das Podest und schwingt kurz die Hüften vor den Kameras eines österreichischen TV Senders. Aber wo sind die Leute? Während wir ungeduldig darauf warten, dass sich der Platz vor uns füllt, bleibt die erwartete Menge aus – statt Hunderter Menschen verirren sich nur einige wenige zu uns. Der Versuch scheitert kläglich. Mehrere Stunden später sitzen wir auf Petras Balkon, unschlüssig, ob wir lachen oder weinen sollen, bevor wir entscheiden, einfach weiterzumachen und nach vorn zu blicken.

Was für eine Blamage! Aber hey, zumindest hatten wir lange Zeit einen anderen Weltrekord im Gepäck: Für ein paar Jahre durfte ich mich tatsächlich Rekordhalterin im längsten Twerken nennen – bis der Titel Anfang 2024 an Babajide Isreal Adebanjo aus Nigeria ging.

Nach unserem missglückten Versuch nimmt die Geschichte eine unerwartete Wendung: Wir werden zu Richard Lugners Backgroundtänzerinnen! In verrückten Outfits – inklusive Dirndl, Zöpfchenperücken und auffälligen Sonnenbrillen – begleiten wir den Bauherrn zu Events in ganz Österreich und untermalen seinen Song „I bin der Lugner" mit unseren Tanzeinlagen. Unsere Kunstfiguren, die Holy Heidis, die wir Jahre zuvor kreiert hatten, erleben dabei ein unerwartetes Revival. In unserer schrillen Aufmachung düsen wir auf der Rückbank eines Luxusautos bei der Sportwagenwoche in Velden mit Mörtel umher, winken dem Publikum zu und sorgen bei Events in der Lugner City, dem Leobener Wiesenfest, der Wiener Wiesn und zahlreichen anderen Gelegenheiten für gute Stimmung.

Den Ohrwurm von Richard Lugners Song werde ich wohl nie wieder los … Hmm, aber habe ich schon erwähnt, wie der bekannte Bauherr zum Bademeister wurde?

Es ist ein glühend heißer Sommertag in Kroatien, und in einer wunderschönen Villa mit großem Pool hat sich gemeinsam mit Petra und mir eine tanzbegeisterte Gruppe versammelt. Zahlreiche Kursteilnehmerinnen sind für unsere sogenannte Twerkation angemeldet und ein dichtes Programm aus Twerking-Kursen, Musikvideodrehs, Fotoshootings für unsere eigene Twerking-Mode „OHA! Fashion“ und anderen Überraschungen liegt vor uns.

Und was hat das jetzt mit einem plantschenden Baumeister zu tun?

Mein Blick wandert durch die nervöse Runde vor mir und ich sehe eine bunte Mischung aus blonden Zöpfchen, knalligen Bandanas über Perücken, markanten Sonnenbrillen, luftigen Dirndln und pinkfarbenen Lederhosen. Das Knirschen von Autoreifen auf dem Kies vor der Villa steigert die Aufregung der vielen Frauen, die sich als Holy Heidis verkleidet haben – gleich wird Richard Lugner die Treppen zu unserer Villa heraufkommen! Dass der berühmte österreichische Bauherr uns besucht, ist ein glücklicher Zufall. Er urlaubt gerade im Nebenort und hat sich spontan dazu entschlossen, bei unserem Videodreh für den spaßigen Song „Badewaschl“ mitzumachen. Der originale Clip zum Lied wurde vor vielen Jahren in der Therme Wien gedreht, als die Holy Heidis gerade erst in den Startlöchern standen. Nur ein paar Augenblicke später biegt der rüstige Promi um die Ecke und begrüßt uns mit seinem gewohnt spitzbübischen Lächeln. Wir plaudern, knipsen Fotos – und dann geht es los.

Ist das alles wirklich passiert?

Der Dreh selbst ist ein wahres Spektakel: Die vielen Holy Heidis tanzen eine lustige Choreografie, in die auch Richard Lugner fröhlich einsteigt, ehe die Szenerie zunehmend ausgelassener wird. Eine riesige Melone fliegt in den Pool und landet mit einem lauten Platschen im Wasser. Jemand wirbelt mit einem Besen so hingebungsvoll durch die Gegend, als wäre es die große Liebe, während eine weitere Holy Heidi auf dem Boden liegt und unkontrolliert Arme und Beine schüttelt. Richard Lugner sitzt am Beckenrand und lacht herzhaft über das lebendige Chaos. Bis heute verbinde ich diesen ungewöhnlichen Nachmittag mit Leichtigkeit, Kreativität und dem Gefühl, frei und verrückt sein zu können.

Zu dumm, dass es Probleme mit dem Bildmaterial gab und das Badewaschl-Video daher nie veröffentlicht wurde. Verdammt, ein weiterer unnötiger Rückschlag – wie ärgerlich! Offenbar war eine Karriere als Holy Heidi wohl doch nicht unser Weg. Außerdem bekomme ich jetzt langsam Stress, wie ich den ganzen Rest unserer Geschichte noch unterbringen soll ...

Unsere Tanzmission und das gemeinsame Twerking-Abenteuer führen uns an aufregende Orte und bescheren uns einzigartige Momente, die wir unmöglich alle aufzählen können. Wir erleben unvergessliche Workshops beim Frequency Festival in St. Pölten und einen weiteren Weltrekord mit Hunderten Partywütigen vor Ort. Interviews mit Zeitungen, Auftritte im Fernsehen, unsere strahlende Neon Booty Art, die wir auf Social Media veröffentlichen, und der Launch unserer eigenen Twerking-Mode „OHA! Fashion" gehören ebenso dazu. Wir unternehmen Tanzreisen ins Ausland mit motivierten Teilnehmerinnen, begehen verzweifelte Aktionen wie eine missglückte Kickstarter-Kampagne für Crowdfunding, und sehen, dass Beiträge über uns viral gehen – manchmal begleitet von Hasskommentaren. Unsere Auftritte beim USI Clubbing und vielen anderen Events, unsere eigenen TwerkOut-

Ausbildungen sowie die regulären Kurse im Studio und externe Workshops machen diese Phase außergewöhnlich. Kreativ und unkonventionell dürfen wir uns selbst verwirklichen und dabei unzählige Menschen bewegen und berühren.

... doch irgendwann geht uns die Luft aus.

Fünf Jahre nach der Eröffnung unseres Studios blicken wir auf eine Zeit voller einzigartiger Erinnerungen und wertvoller Erfahrungen zurück. Doch der Weg ist alles andere als einfach: Immer wieder kämpfen wir ums Überleben, denn trotz unserer erfolgreichen Bemühungen, in Zeitungen, Fernsehen und anderen Medien sichtbar zu werden, bleibt der Zulauf in den Kursen oft hinter unseren Erwartungen zurück. Es gibt Phasen, in denen es besser läuft und wir voller Hoffnung daran festhalten, dass sich dieser Trend fortsetzt. Dann erleben wir Rückschläge, die Besuchszahlen stagnieren und wir wissen nicht, wie wir langfristig unsere Rechnungen bezahlen sollen. Neben den regelmäßigen Kursen am USI Wien und den täglichen Verpflichtungen im Studio übernehmen wir auch Workshops, Auftritte und Gelegenheitsjobs, während Petra noch immer als Lehrerin arbeitet. Trotz all unserer Anstrengungen, unseren Traum aufrechtzuerhalten, zehren die ständige Belastung und der unaufhörliche Kampf an uns. Unsere Tage sind lang, unsere Sorgen wachsen, und oft fühlen wir uns ausgebrannt und am Ende unserer Kräfte.

Was sollen wir bloß tun? Alles aufgeben, wofür wir so hart gearbeitet haben? Was bleibt dann von uns übrig und wer sind wir ohne unser Studio? Aber so weitermachen – das können wir nicht mehr ...

Nach langen Monaten voller Unsicherheiten treffen wir Anfang 2019 den schweren Entschluss, die Türen unseres Studios für immer zu schließen. Der Traum, den wir mit so viel Leidenschaft verfolgt haben, geht zu Ende und wir bleiben mit gemischten Gefühlen zurück. Auch unsere USI-Kurse übergeben wir in die Hände liebgewonnener Lebensmenschen, die uns schon seit Jahren tanzend begleiten und von denen wir wissen, dass sie die Stunden mit ebenso viel Liebe und Begeisterung fortführen werden wie wir. Zum Zeitpunkt der Veröffentlichung dieses Buches bestehen die Kurse am Universitätssportinstitut weiterhin, sind gut besucht und finden bis heute großen Anklang bei tanzfreudigen Menschen. Doch für uns bedeutet dies Abschied nehmen, das Ende eines prägenden Abschnitts – zeitgleich beginnt ein neues Kapitel in unserem Leben, voller unentdeckter Wege und neuer Chancen.

Das war's dann wohl! Von einem Tag auf den anderen den Lebensmittelpunkt hinter sich zu lassen, war gleichermaßen frustrierend und befreiend. Jetzt muss ich nur noch irgendwie den Bogen zur Suche nach dem eigenen Ich spannen – schließlich klafft hier eine Lücke von über vier Jahren. Hm, vielleicht sollte ich an dieser Stelle einen weiteren Absatz über die Zeit dazwischen einfügen? Oder darüber schreiben, wie wir uns beide in systemische Therapie begeben haben, um die Vergangenheit aufzuarbeiten? Ach, egal – ich springe gleich zum Buch!

In der hellen Wohnküche steht ein glänzend weißer Tisch, die Fenster sind gekippt, und die durchsichtigen Vorhänge bewegen sich leicht im Wind. Hin und wieder beginnt der Kühlschrank leise zu surren und die Hitze steht im Raum. Aus einer anderen Wohnung dringt sanfte Klaviermusik zu uns herüber, während wir uns dicht um den Laptop scharen. Unsere Köpfe rauchen und unsere Gedanken wirbeln durcheinander: Seit dem Sommer 2023 verbringen wir Stunden, Tage, Wochen und Monate nur wenige Zentimeter voneinander entfernt. Wir beraten uns, tippen, ändern Textpassagen, suchen nach neuen Ideen und lassen uns vom kreativen Fluss tragen. Wir lachen, weinen, verzweifeln – und wissen: Wir wollen dieses Buch fertigstellen.

Aber wie schreibt man eigentlich zusammen ein Buch?

Beim Schreiben bringt Petra ihr Fachwissen als Psychotherapeutin in Ausbildung unter Supervision ein. Nach ihrer erfolgreich bestandenen Statusprüfung im Februar 2024 beginnt sie während des Schreibprozesses, eigene Therapiestunden abzuhalten, und erweitert den Ausbildungsstoff schon bald durch zahlreiche Stunden an praktischer Erfahrung. Ich greife auf meine Ressourcen aus einem Literaturstudium und einem nahezu abgeschlossenen Germanistikmaster zurück und schließe kurz vor der Fertigstellung des Buches einen Bachelor an einer Fachhochschule für Journalismus und Medien ab. Gemeinsam vereinen wir unsere Stärken und setzen auf unsere individuelle Expertise und Persönlichkeit: Zusammen erarbeiten wir das Grundgerüst des Buches, verfassen das Vorwort und die Fließtexte. Am Ende teilen wir die Aufgaben auf – Petra schreibt über die Personzentrierte Therapie, kümmert sich um die Dialoge und bringt ihr Fachwissen gezielt ein. Ich gestalte die kreativen Übergänge am Ende jedes Kapitels, lasse das Ich von einem riesigen Wal verschlucken oder aus dem Fenster fliegen, und tüftle am Nachwort sowie an unserer gemeinsamen Geschichte. Teilweise fühlen wir uns wie geleitet, haben im selben Augenblick ähnliche Geistesblitze und lassen uns vollkommen auf den Prozess ein, den die Suche nach dem eigenen Ich in uns anstößt. Was als Idee an einem milden Sommerabend beginnt, entwickelt sich über viele Überarbeitungen hinweg weiter, bis wir schließlich sagen können: Wir haben wirklich alles gegeben und uns voll und ganz auf diesen Prozess eingelassen.

Hmpf ..., was muss noch hinein? Oh nein, es fehlen noch die eigenen Unsicherheiten!

Wir sitzen auf Petras Balkon, bequem in einer breiten Rattan-Sitzgarnitur, und genießen die letzten warmen Sonnenstrahlen auf unseren Gesichtern. Das Buch steht kurz vor der Fertigstellung, und wir spüren, dass es bald Zeit ist, unsere Geschichte mit der Welt zu teilen. Während wir die letzten Änderungen im Text durchgehen, reflektieren wir über unsere persönliche Entwicklung in den vergangenen Monaten und fragen uns, wie viel wir von uns selbst bei der Veröffentlichung preisgeben wollen.

Hm, was ist uns alles durch den Kopf gegeistert?

Wie werden die Lesenden reagieren, wenn sie mehr über unsere Vergangenheit erfahren – vor allem, wenn sie sich zuvor möglicherweise ein ganz anderes Bild von uns gemacht haben? Wie erklären wir, dass ein harmloser Twerking-Weltrekord dazu führte, dass wir auf einschlägigen Webseiten erwähnt wurden? Stellen frühere Auftritte das Können und die Professionalität einer angehenden Therapeutin infrage? Sollten wir erwähnen, dass wir bereits Bücher im Selfpublishing veröffentlicht haben, die unsere tanzende Reise dokumentieren und vielleicht polarisieren – auch wenn sie inzwischen nicht mehr erhältlich sind? Wäre es klüger, unter einem Pseudonym zu veröffentlichen, um unsere Identität zu schützen? Immer wieder reflektieren wir zusammen, suchen nach dem besten Weg, der sich für uns stimmig anfühlt, und versuchen, dabei ganz bei uns selbst zu bleiben – bis wir schließlich zu dem Entschluss kommen: Jede dieser Facetten ist ein Stück von uns und bereichert unser Sein.

Irgendwie möchte ich uns selbst gratulieren. All diese verschiedenen Facetten, aber auch unsere Ambivalenzen anzunehmen und uns zu zeigen, ist uns lange Zeit wirklich schwergefallen. Huch, ich mach's jetzt einfach: Herzlichen Glückwunsch, wir sind super!

Wir möchten uns selbst zugestehen, dass all diese Aspekte nebeneinanderstehen können und uns als Menschen erst wirklich vollständig machen. Vielleicht wird erwartet, dass die Personen, die diese Seiten geschrieben haben, in einem festgelegten Rahmen von Vernunft und Vorhersehbarkeit agieren. Aber sollten nicht auch die verrückten Seiten, die unkonventionellen Ideen, die uns ausmachen, ihren Platz haben? All das gehört zu uns. Auch wenn wir inzwischen andere Wege gehen, sind unser damaliges und unser heutiges Ich Teil eines fortlaufenden Prozesses. Unsere Entwicklung zeigt, dass wir ständig in Bewegung sind und stetig voranschreiten. Und wer weiß, vielleicht werden wir das, was wir heute in diesem Buch festhalten, eines Tages anders sehen. Doch im Moment möchten wir dir unser authentisches, echtes Ich zeigen und dir aufrichtig begegnen. Deshalb erzählen wir dir von unserer Vergangenheit und verzichten bewusst auf ein Pseudonym. Wir machen uns sichtbar – und damit auch verletzlich und angreifbar.

Okay, okay, okay ... Unsere Geschichte füllt nun schon einige Seiten, und trotzdem habe ich das Gefühl, dass vieles noch ungesagt geblieben ist. Dennoch ist es an der Zeit, einen Abschluss zu finden. Deshalb soll die Geschichte so enden, wie sie begonnen hat: mit einer außergewöhnlichen Verbindung zwischen zwei Menschen.

Diese drei Worte – Beziehung, Prozess, Veränderung – sind für uns von zentraler Bedeutung und stehen im Mittelpunkt unseres Buchprojekts. Sie beschreiben das Abenteuer, auf das wir uns gemeinsam eingelassen haben. Seit über einem Jahrzehnt sind wir auf einer Reise, die uns sowohl herausfordert als auch bereichert – von unserer ersten Begegnung am USI Wien bis zu diesem therapeutischen Roman, den du jetzt in Händen hältst. Unsere Erlebnisse haben uns gezeigt, dass Veränderung eine konstante Begleiterin ist. Wir haben uns stets weiterentwickelt, unkonventionelle Wege eingeschlagen und uns in unterschiedlichen Phasen unseres Lebens neu ausgerichtet. Dabei waren unsere gegenseitige Unterstützung und Wertschätzung das unerschütterliche Fundament, auf dem wir gebaut haben. Nun, da dieses Buch zu seinem Ende kommt, denken wir mit bewussterem Blick an all die Erfahrungen zurück, die uns auf einzigartige Weise miteinander verbinden und uns mit Stolz erfüllen. Heute verstehen wir, wie bedeutend jener Tag im Jahr 2011 für die Richtung unseres Lebens war.

Einen letzten Hinweis kann ich mir nicht verkneifen ... Falls du beim Lesen neugierig geworden bist, findest du auf unserer Webseite einen Videozusammenschnitt unserer vergangenen Abenteuer. Wir wünschen dir viel Spaß beim Ansehen!

Über die Autorinnen

Petra Shelby, geboren 1986, arbeitete über sechzehn Jahre als Sonderschullehrerin. Aktuell absolviert sie das psychotherapeutische Fachspezifikum am APG•IPS Institut für Personzentrierte Studien und ist in Wien als Psychotherapeutin in Ausbildung unter Supervision in freier Praxis tätig.

Elena Sofie Sterlini, geboren 1992, hat Literaturwissenschaft studiert und eine Fachhochschule im Bereich Medien und Journalismus abgeschlossen. Derzeit ist sie in der Medienbranche tätig.

Die Autorinnen lernten sich 2011 bei einem Tanzworkshop am Universitätssportinstitut (USI Wien) kennen und begaben sich gemeinsam auf eine Reise, die schließlich zur Entstehung dieses therapeutischen Romans führte.

Du möchtest uns schreiben oder einen Moment
deiner ganz persönlichen Bucket List 2.0 mit uns teilen?

hallo@bucketlistzweinull.at

Wir freuen uns, von dir zu lesen!

Ein Muster für deine Bucket List 2.0
findest du zum Download auf unserer Website:

www.bucketlistzweinull.at

Folge uns auf Instagram:

bucketlist.zweinull